12個小地方的飲食人類學筆記

風土餐桌小旅行

洪震宇 著

目錄

風土餐桌小旅行

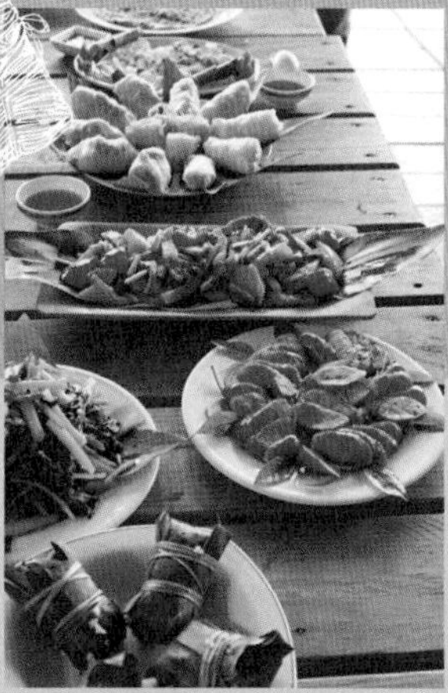

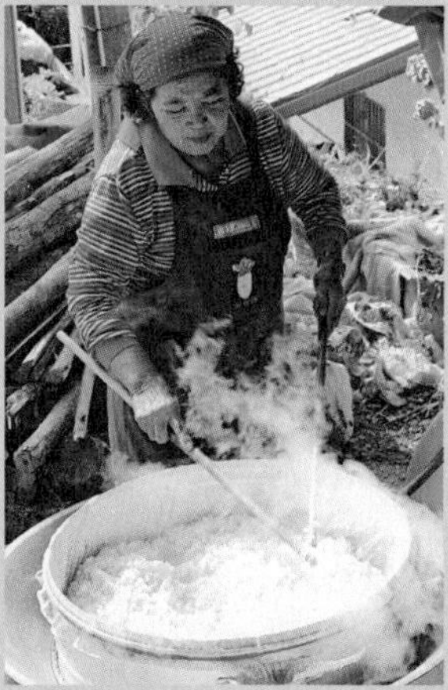

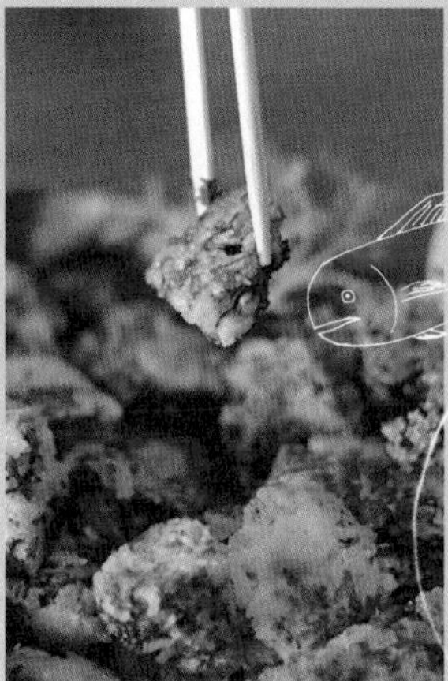

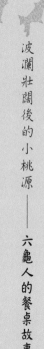

食味與人味

蔡珠兒

書，有灌水沖泡的，有大火快炒的，有猛下醬料的，有雜煮亂燉，滋味渾沌的，而洪震宇這本書，肯定是釀出來的。日晒風吹，夏焙冬醃，浸潤山嵐海浪，飽吸春雨秋霜，歷經四年醱酵熟成，淪肌浹髓，濃釅深冽，一掀開，香味就從字裡行間飄溢出來。

那香味，是清純生鮮，沾著露水和季風的食味，也是樸實真摯，帶著笑容和體溫的人味。

貢寮的九孔，國姓的神仙豬，關山的龍鬚菜，豐濱的鬼頭刀，池上的夢幻米，鹽埕的虱目魚，六龜的山棕心，美濃的封肉和鹹粥。在山巔水湄，村野幽谷，洪震宇擺出十二桌風土大餐，現流鮮採，豐盛澎湃，然而最可口最珍貴的食料，是桌底和盤中的故事人情。

台灣人好吃，也吃得好，食物書寫蔚然成風，蓬勃興旺，飲饌文學百家爭鳴，食譜食記美味紛陳，料理書養生書琳瑯滿目，小吃指南和餐館評鑑更遍地開花。說來慚愧，我也忝列其中，被人叫做「美食作家」，然而對這稱呼，我一直不以為然，甚至深感不安。因為「美食」用得太過浮濫膨脹，語義早已貶值，面臨淘空崩塌。

另一方面，美食的說法也暗藏誤導，食物書寫的題旨焦點，因而強調感官經驗，落墨於色香味，食不厭精的味覺美學，流風所及，日趨偏執狹隘，食物只存在餐桌和脣齒之間，與上游的來源產地斷裂失聯，和季候風土脫離關係，我們不問雞排怎麼來的，不知透抽幾月當令，芥菜何時結心。飲食被抽離架空，成了零碎孤立的行為。

更糟的是，在效益掛帥的企業運作下，食物經過工業化的生產線，斬頭去骨，加工添料，從食材（produce）變成食品（product），透過超市、餐館和便利店，來到我們的桌上和肚裡，我們卻懵然不識，對食品的身世歷程毫無所知，連食客都談不上，只能等在下游，掏出錢張開嘴，淪落為被動無能的食用者（consumer），甚至是不辨精粗，囫圇狼吞的「工業飯桶」（industrial eater）。

不行不行，怎麼可以這樣啊？吃飯皇帝大，飲食，應該是鮮活完整，滿布血管網路，與生活和文化唧接相通，曲折迭宕，柳暗花明的美妙經驗。食物不能抽離脈絡和情境，除了「好不好吃」的味覺口感，應該還要追問，怎麼吃，何時吃，在哪裡，跟誰吃，為什麼吃這個，又為什麼不吃；因為那關乎我們的籍貫，身分，宗族，生命，乃至靈魂。

洪震宇的寫作意圖，正在於扭轉論述，回歸宏觀，把瑣碎支離的飲食書寫，重新聚攏黏合，通筋骨，接地氣，正本清源，恢復原有的脈絡情境。他的第一本書《旅人的食材曆》，以節氣時令為主軸，深入記錄台灣的在地食材，縱向呈現時間和食物的關係。這本《風土餐桌小旅行》跨到另個向度，以空間風土為座標，橫切觀察地理和食物的淵源，然而從橫切面又延伸出直線的歷史，追溯族群遷徙，飲食流變的軌跡，經緯交織，時空參照，建構出豐富立體的系統。

說來好像很複雜，洪震宇卻能馭繁為簡，寫得平淺清澈，溫柔動人。南屯，甲仙，三貂角，嘉雲巷，南沙魯，那瑪夏，比西里岸；他領著我們逛市場，走漁港，下稻田，摸進人家的廚房和飯桌。這些鄉鎮，有的我們去過，有的聽過，有的很陌生，那瑪夏，台灣有這地方嗎？但無論你知不知道，沒有洪震宇帶路指點，你恐怕也看不到箇中精妙，吃不到在地好味，更聽不到動人故事。他彷彿有一雙歷史的陰陽眼，能夠穿越時間，透視文化的足跡烙印，貫串起過去和現在。

這些故事深藏肌理，並非一望可知，唾手可得，要慢慢挖，細細磨，久久醞釀。我也做過記者，我明白，這需要多少腳力和毅力，不知他跑了多少趟，做了多少工夫，心底又燒著多麼強烈的熱情。洪震宇訪查田野，有人類學者的認真嚴謹，也有報導人（informant）的熟稔親切，他親身參與，融入當地，經常做起幫工和助手，所以能有深度的觀察描述。

最重要的是，對於人和食物，他有廣闊恢弘的觀點，他要寫的不是鄉土料理，小鎮指南，而是更深刻的生命經驗，就像他說的，「台灣是什麼？我是誰？我用食物去叩問。」

食物是文化的試紙，族群和記憶的密碼，透過各地的風土餐，我們看到人家吃什麼，怎麼吃，不僅認識新食材，嚐到老味道，還看到很不同的生活方式和思維態度。

阿美族每天跳進大海，像開冰箱現拿食材，裝滿魚簍就不再抓，從不囤積食物。卡那卡那富族的河神祭，不是祝禱收穫滿滿，而是「不要向河索取太多，拿我們需要的就好。」布農族常圍聚吃飯，「我們喜歡的不只是吃，而是在一起的感覺。」

我最喜歡這段：長濱鄉賣野菜的婦女，一早就喝小米酒加維士比，聽到洪震宇的疑問，她們回答，「怎麼會早，一大早就起來拔菜了，現在很晚了，喝喝酒才開心！」

這些差異，令人意外，莞爾，感動，以及慚愧反思，在資本主義的漢人社會，我們又用什麼態度看待食物呢？

台灣，原來還有這麼多好地方，這麼多樣的風土，這麼豐富的族群和食味。所謂台菜，原來不僅是蔭豉蚵三杯雞，還有這麼多山海資產，這麼認真的庖夫匠人，在我們不知道的村邊巷底，還潛藏諸多菜式，蘊含各種創意和驚奇。看完這本書，我覺得既慚愧，又自豪。

（本文作者為作家）

帶著這本書的微微閃爍，上路吧

番紅花

展開震宇的新書《風土餐桌小旅行》，在他如人類學者般田野勘查的一個又一個天涯海角處，不論是美濃鍾鐵民老家用半隻閹雞和大塊三層肉燜煮五小時的「大封」，或是布農族勇士阿力曼在鹿野溪畔祖靈屋用檳榔和米酒向山神致敬後，再攀爬進入那一片鬱閣祕境的森林博物館，抑或是東北角貢寮車站阿生便當和山村老人的野菜故事……，細讀書中的每一個驛站，情感是深的，體察是真的，文字是誠的，我來來回回逡巡於書中的歷史爬梳和庶民情義，認定惟有帶著這本書、用三五年的時間、隨他的足跡走完這山巔水湄，也許到那時，我才能說，我走過台灣，走過這座美麗島吧。

我的父母十幾歲時揮別金瓜寮老家、遠去台北的繁華打拚，雖然就此定居於城市，但他們始終未曾忘卻或放棄農村是心靈的歸屬，懷抱著一股承襲自父母敬愛農村的心情，這些年來，造訪各地小農去學習去生活，遂成為我的家庭旅行主調之一。

去年夏天在長濱的金剛山下，就著稻田望向前方的大海銀浪，我認識一位每天騎機車去民宿打掃上工的阿美族婦人，她帶我到田坳深處的一棵五十歲野生白蓮霧樹，爬梯去採收每顆形體小如幼兒拳頭的白蓮霧。

當場等不及採收完我便咬了一口，淡淡的甜中有更多的酸澀，啊，沒有甜度高達多少又多少的評鑑詞兒，果肉中這股天然的澀感，才是我小時候吃到的蓮霧滋味，這位年紀和我不相上下的阿美族太太告訴我，每天採收十斤左右的野生蓮霧回家後，用鹽巴和辣椒略醃過，冰起來，隨時想吃就吃，是孫子們最喜歡的零食了！

當時我心裡想，真希望我懂得拍片，因為醃過的野生白蓮霧和山上孩子順應大自然環境的飲食生活，那是我們城裡人不曾有機會識得的一首詩。

而透過震宇的野地書寫，他讓我們識得的詩又何止一首呢。

例如他寫了中秋節過後即將肥美盛產的馬崗九孔海池。

九孔又叫做「小鮑魚」，在許多宴席所上的第一道冷盤總是用九孔來表示貴氣，但我們可曾真正認識過九孔。隨著震宇和九孔潛水伕的貼身採訪，我才知道這游牧似的海人，時薪五百元，工作時「腰間要綁著石頭浮在水中，用水中吸塵器清理池的糞便與泥沙，再翻開層層疊疊的特製石塊，撿出藏在其中的九孔，在水中很安靜，會忘記時間」。

接著震宇再從日治時期開始爬梳馬崗居民的九孔生活史，延伸到三貂角的地理，他從卯澳搭舢舨出海，思緒遂回溯到十七世紀西班牙人發現這個大灣的歷程，足跡又深入到貢寮深處的內寮梯田遺跡，最後，他更留下貢寮人餐桌的旅行指引，去哪裡吃，去哪裡住，去哪裡買，至於那些迷人的祕境，線索則在文本的一字一字之間微微閃爍。

純粹抱著追索探求這島上美麗的人與景，帶著這本書的微微閃爍，我們上路吧。

（本文作者為作家）

一張張餐桌，記錄島嶼的鄉愁記憶

王村煌

十月的秋陽斜照進南下高鐵車廂，手上書頁上閃耀著金黃光線，眩入眼目，令人不能專心。書中正寫到這時節東北季風吹了起來，在島嶼的東岸，漁人在七級風浪中與旗魚的搏殺：「……彼此都是可敬的對手，江湖對決，正大光明，各自為生存而奮戰，耗盡生命，也要維護尊嚴。」文字中的速度感和著窗外風景，我彷彿聽見台東成功港海上男兒的呼吸與心事。

那是二〇一〇年，書是震宇的新書《旅人的食材曆》，二個小時前，我們剛在一場座談會初識，這位長得體面但曬得有些黝黑的作家散會時從背包中拿出相贈。以節氣、食物、旅行為主題的書寫在當時是一個新領域，震宇以他敏銳的心思和沾滿泥土的腳步，帶給讀者一個個台灣獨有風土條件和時序交會的美好滋味。

也帶給我一路南下的飢腸轆轆。

那時候我忙於籌備花蓮豐濱鄉石梯坪的民宿，正為如何透過食物和地方的連結，讓旅人深刻體驗而苦惱著。第二天，我撥了通電話給震宇，邀請他為民宿設計菜單，為石梯坪講講故事。電話那頭他再三向我確認，真要一個不會做菜的寫作者來設計菜單嗎？於是他和廚師展開了三個多月花東食材的田野調查，再經過轉換、設計、詮釋，成為今天頗受好評的緩慢民宿山海慢食。

四年來，震宇從豐濱開始，在書寫的路途上越走越遠，越寫越深入，由東部往南部，再轉而向北，盡往那些看似平凡無奇的鄉鎮去。偶爾和他見面，他總是叨叨念念這些小地方的點點滴滴，不單是節氣，不只是食物，更不是只有經過沒有故事的旅行，而是這島嶼上百年來族群遷移，生命流轉的故事。透過一張張餐桌，承載著你我共同的鄉愁記憶，記錄了原以為早已經消失的文化符碼。

原來，我們和這本《風土餐桌小旅行》書中的耀忠、Mamu、阿翔、阿力曼、舜文、賴大哥、四哥……等人物一樣，都是流浪者，都在快速變遷的漂泊中不斷向內詢問：「我是誰？」「我為什麼在這裡？」

這問題一如棒球場上，投手不斷向我們丟出快速直球，逼迫我們無從閃躲，不需猜測，只能正面揮擊。那個不用其他變化球路的漢子投手正是震宇，一個回到社會學及人類學本質，不使用華麗炫技的田野書寫者。

七月底，我邀請震宇一家人到苗栗銅鑼一處茶園度週末。雖位在通風良好的山丘上，但盛夏時節，屋內仍頗為炎熱，我們整晚在屋前木平台上喝茶、聊天。震宇說起書中甲仙賴大哥餐桌上他最喜歡的醬筍煎蛋，賴大哥來自嘉義梅山鄉瑞峰村，我是竹崎鄉光華村人，兩村莊相隔十多公里的山路。但我卻從未吃過這道菜，記憶中的早餐是醬筍切塊，撒上薑末與紅糖，再滴上幾滴香油，配著稀飯吃。

時近午夜，平台外是一片美麗的谷地景色，山谷中高速公路及火車仍南來北往，夜漸漸涼了下來，天地靜好，歲月無驚。但我心中老想著那醬筍發酵後的酸甜和著油香的味道。

（本文作者為薰衣草森林執行長）

芝麻開門

對我來說，食物除了果腹，享受歡愉，還能交流情感經驗，追索文化根源，就像是個通關密語，經過唇齒舌尖的吮嚼檢驗，一聲「芝麻開門！」食物背後的身世奧祕與文化密碼，就這樣自然流洩出來。

有一次我帶了高雄甲仙、那瑪夏與六龜寶來的朋友去美濃笠山的鍾媽媽家吃午餐，用餐前，鍾媽媽的小女兒舜文先導覽鍾理和文學紀念館，讓大家了解鍾理和家族的故事，再沿著菜園小徑走到鍾家。

那天餐桌上有絲瓜粄、蘿蔔苗蒸肉、梅汁苦瓜、薑絲炒茄子、炒芋頭與南瓜蛋酥，用完餐，大家跟鍾媽媽在客廳聊天，好奇這些菜的料理做法？也頻頻猜測蒸肉上黑黑捲捲、像茶葉的食材是什麼？當知道是每年十月收成的白玉蘿蔔的葉子，經過曝晒、醃漬、乾燥之後，能讓蒸肉散發蘿蔔清香，眾人十分意外，原來蘿蔔葉也可以入菜。

在場有曾祖父從苗栗公館移民到甲仙開墾樟腦的客家人、有定居甲仙兩百年以上的關山與小林村的平埔族、有從南投名間到甲仙發展的閩南人、有嫁來甲仙十多年的柬埔寨媽媽、有那瑪夏的布農族與卡那卡那富族，還有從嘉義移民到六龜寶來的閩南人，眾多族群有緣齊聚一堂，經過蘿蔔苗的提味，開始分享自己的族群記憶與食物。

從北部移民到甲仙的客家人，聊到醬筍煎蛋、蒸魚的香醇滋味，但習慣吃醬蘿蔔與醬鳳梨的客家媳婦鍾媽媽，卻沒聽過醬筍這種食物。從苗栗嫁來甲仙小林村的阿秋，用客家話跟鍾媽媽打招呼，提起嫁到小林的日子，最不習慣的是喜歡狩獵的平埔族，總是醃製很多山產，掛在家門前，一家醃肉整村香，她卻無法適應這種濃烈的野性氣息，而同村的平埔族美蓮，想起過往生活，倒很興奮地說她們的肉粽會包這種肉乾，那是多麼難忘的家鄉味。住在那瑪夏、人口不到五百人、剛正名為第十六族的卡那卡那富族的Giwa，則說到她們會吃用野生山蘇包裹年糕、豬肉與小魚的粽子，叫「昂布樂格」，黏糯的口感跟客家菜包有點類似。

鍾家的小小餐桌上，竟激盪出不同族群的懷鄉滋味。雖然大家都來自楠梓仙溪與荖濃溪匯聚而成的高屏溪流域，空間距離不遠，卻有如隔了萬重山互不熟悉。透過時光綿延、族群文化與風土條件的交融，編織出不同的餐桌故事與生命經驗。就像是枝裕和導演的《橫山家之味》，以廚房裡的刀切聲與蒸汽聲當開場，傳達電影故事主軸：「每個家庭都有一種懷念之味，端不上檯面卻永遠想念。」

讓我想念的鍾媽媽餐桌，也是撰寫這本書的動機起點。以前來到美濃，都是吃粄條、豬腳與薑絲大腸，我總想，難道美濃客家人真的都只吃這些食物嗎？許多觀光勝地為了迎合客人，大量複製觀光的刻板印象，食物千篇一律，失去文化意涵，少了地方生活的連結，更缺乏一食入魂的感動。如果能去美濃人家裡吃飯，到清晨的市場走動，看看食材，吃在地的日常早餐，也許會有更真實深刻的體會吧。於是我去了三個客家媽媽家裡吃飯，餐桌上的一菜一湯一飯一肉，雖然平凡家常，卻都是當地山海田野的濃縮精華，以及漫長流轉的生命軌跡。

飲食真的這麼重要嗎？對我來說，食物除了果腹，享受歡愉，還能交流情感經驗，追索文化根源，就像個通關密語，經過唇齒舌尖的吮嚼檢驗，一聲「芝麻開門！」食物背後的身世奧祕與文化密碼，就這樣自然流洩出來。有句話是這麼說的，告訴我你吃什麼，我就知道你是什麼人。「食物和語言與宗教一樣（甚或程度更大），是文化的石蕊試紙。」歷史學者菲力普．費南德茲—阿梅斯托在《食物的歷史》也如是強調。

如果食物是一種辨別身分的文化試紙，台灣是什麼？「我是誰？」我用食物去叩問，我的行旅座標從節氣轉到小地方，不只關切在地食材的栽種與歷史，節氣循環的關聯，更重視食材運用與生活脈絡的連結，書中這些不太具觀光知名度，看似偏遠其實並不算遙遠的地方，反而保存了台灣文化礦脈與風土底蘊的原味。

除了進入人家的餐桌，更要遠離餐桌，穿梭在農地、市場、荒野、港邊、舢板與廚房，還得翻山越嶺、跨過時空。這趟風土餐桌的島旅生涯，我一走就是四年。

台灣人是個多元化的行旅民族，流著不安定的血液，不論是從唐山過台灣的漢人（閩南人、客家人），還是島內原本就存在、更早漂移來台灣落腳的平埔族與高山原住民，因為無情天災或政權擺弄，數百年來，他們為了求生存，在島內進行很頻繁激烈的移動，海拔與緯度，成為各種腳印足跡的見證。

許多食材看似風土節氣的運作使然，實際上卻是帶著鄉愁、跋山涉水的流浪者之歌，隨著族群的行旅足跡，不只傳承山川風景，更扛起家鄉的記憶重量，宛如帶著鄉音的掌紋與胎記。

旅行時我常常隨口問農人、廚房的料理人，「你從哪裡來？」往往會得到意想不到的答案。像知名的甲仙芋頭，是日治時期苗栗客家人到甲仙來提煉樟腦，日常缺乏蔬菜，才從家鄉帶芋苗來種植，只是從肥料充足的平原水芋變成天生天養的旱地山芋，形狀從大顆橄欖球變成小巧壘球，口感更飽滿鬆軟，因為食材有限，芋梗還有大用，可以清炒食用，還能晒乾保存，用來燉煮花生排骨湯，甚至加工醃漬成芋梗酸，配飯或當成調味品。

當食物不只是食物，而是一個重現時光的甬道，我們得像一個人類學家，仔細爬梳考掘，才能鑿出看似灰飛煙滅，在蒙塵地表下依然波瀾壯闊的文化山河。

法國文學家普魯斯特在《追憶似水年華》七大冊最末一卷〈重現的時光〉，提到他關切食物跟生活細節，並非是用顯微鏡去找尋事物真理，而是用一台天文望遠鏡去看待天上繁星，星星之所以微小，只是因為距離遙遠，但一星一世界，「就在我求索偉大法則的地方，人們稱我是細枝末葉的搜集者。」

人人也都是他自己的歷史學家，細枝末葉的採集與求索，體會他們的悲歡離合，才能讓那些日日常常風風雨雨，撐起大歷史的骨幹，填滿大時代的血肉。

尤其在全球化、城鄉差距更大的時代，向內走更深，向外才能走更遠，只有更細微的關注一個鄉鎮、一座村落、一戶人家，一位人物的生活樣貌，找出不隨波逐流的根源與堅持，才能找到自己，也才能尋路未來。

「我是誰？」我希望自己是鹽，透過書寫與小旅行的提味，凸顯風土餐桌的原味。陸文夫在〈美食家〉這篇小說詮釋鹽的特質，做菜最難的不是選料刀工火候，而是放鹽。鹽能吊百味，但百味吊出之後，它本身就隱而不見，沒人在鹹淡適中的菜裡吃出鹽味。

這十二個小地方，也是我生命田野的鹽。這趟行旅，看似越來越偏，越來越遠，卻越來越深，越來越有滋味，彷彿在時間的回聲裡躑躅，不斷行向昨日的記憶，也航向未來的旅程。

故事就在現場，邀請你一起出發，深入這個島嶼的山巔水湄，走一趟以食物銘印的探源之旅。

一起說：「芝—麻—開—門—」。

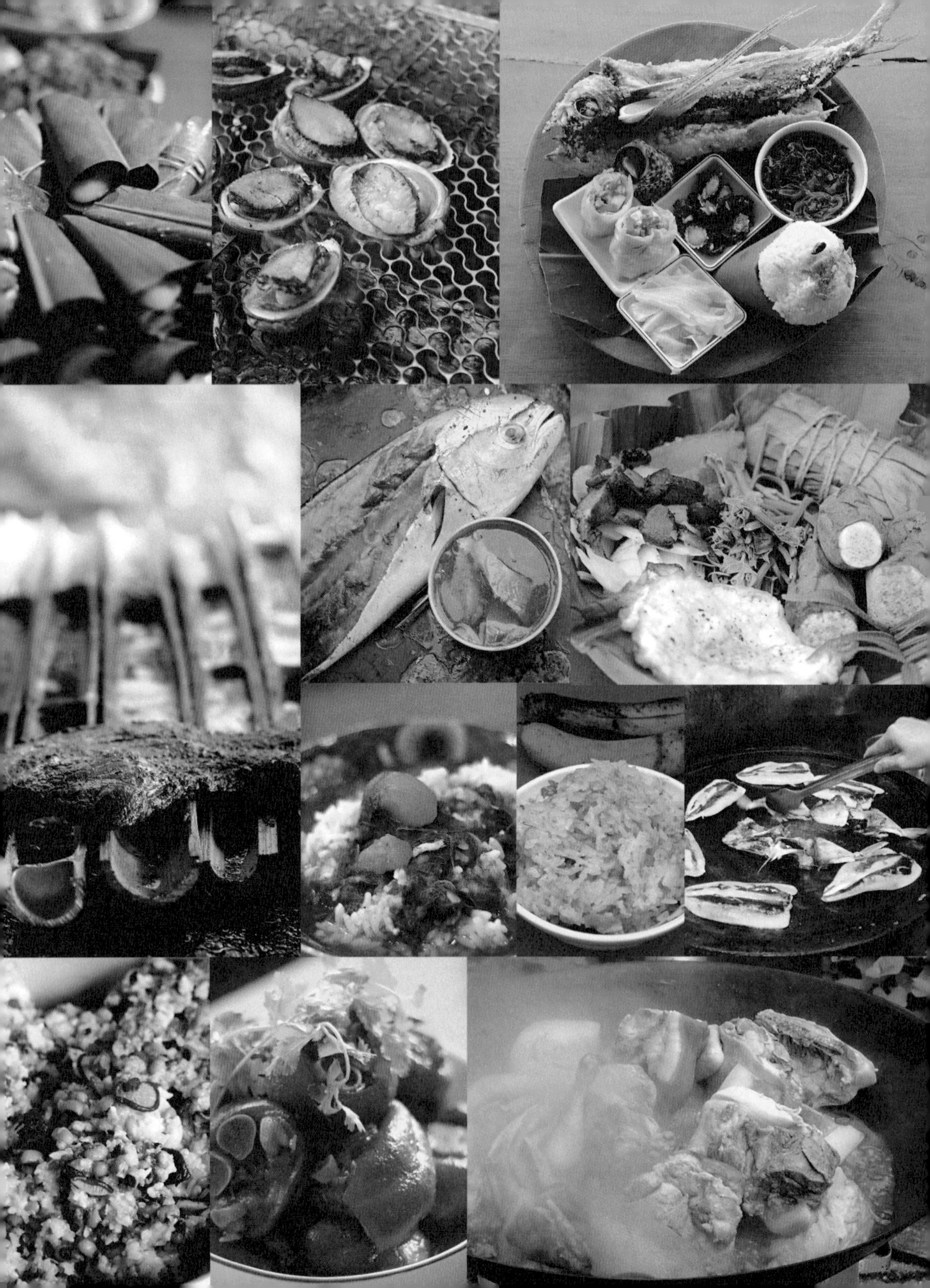

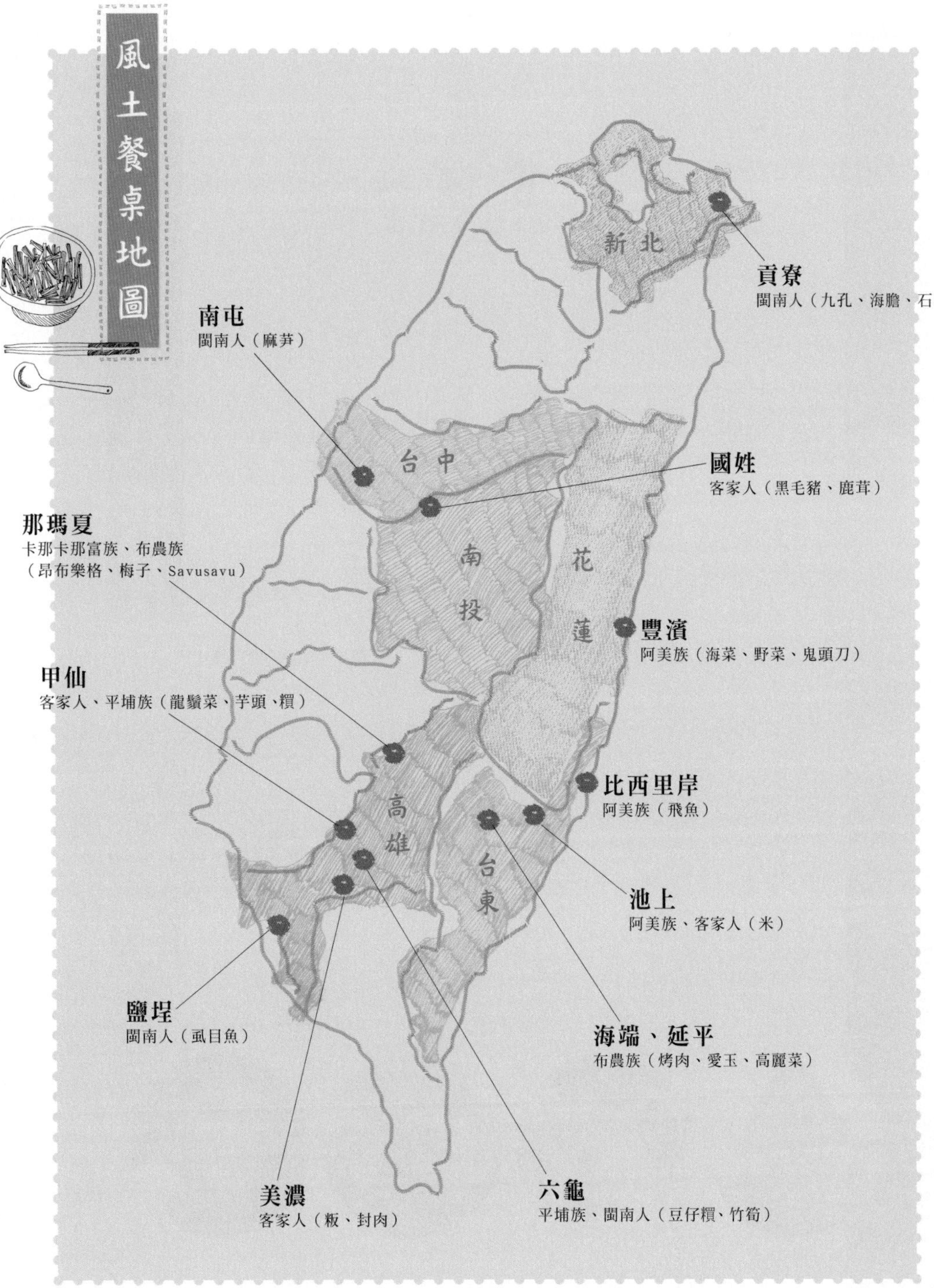
風土餐桌地圖
新北
貢寮
閩南人（九孔、海膽、石花菜）
南屯
閩南人（麻芛）
台中
國姓
客家人（黑毛豬、鹿茸）
那瑪夏
卡那卡那富族、布農族
（昂布樂格、梅子、Savusavu）
南投
花蓮
豐濱
阿美族（海菜、野菜、鬼頭刀）
甲仙
客家人、平埔族（龍鬚菜、芋頭、粿）
比西里岸
阿美族（飛魚）
高雄
台東
池上
阿美族、客家人（米）
鹽埕
閩南人（虱目魚）
海端、延平
布農族（烤肉、愛玉、高麗菜）
美濃
客家人（粄、封肉）
六龜
平埔族、閩南人（豆仔粿、竹筍）

豐濱人的餐桌故事

與山海節氣共存

寒風中，海浪在岸邊來回奔馳，
烏雲密布，海天交界透出淡淡微光。
我的朋友耀忠，彷彿是被潮聲召喚，
凝視遠方的眼神露出興奮的光彩，
他矯捷地攀下護欄，回頭對我招招手，
隨即在嶙峋巨石間跳躍前進。
真是好身手！我暗自喝采，也趕緊跟上，
但耀忠轉眼間已在十多公尺之外了。

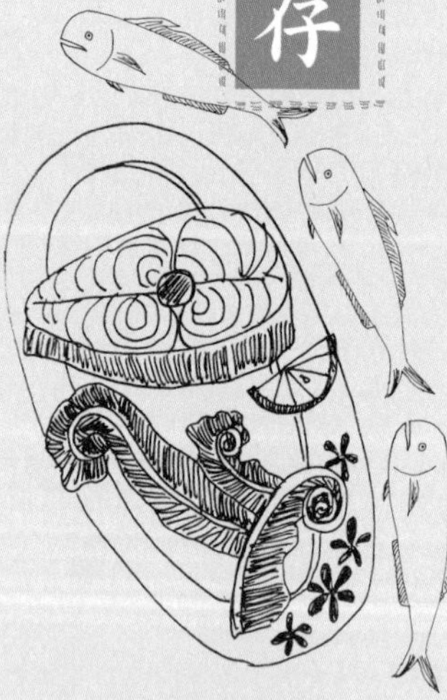

豐濱人
的餐桌故事

跟著自然節奏作息

只要跟著自然節奏來生活作息，就能找生存之道。

離大海愈近，浪擊岩石的拍打聲愈激昂，「要會聽浪看浪，四小浪後跟著一大浪，大浪一退就要起跑。」海浪暫時退去之際，他毫不遲疑往前奔去，半蹲在海水中一面摘海菜，一面將海菜放進腰間的網袋，他的眼神仍不時盯著海浪，二十秒後，大浪再度襲來，他先揮手要我退後，再趕緊轉身往後跑。一會兒浪走了，他又前進蹲下摘海菜，就這樣來來回回十多次，躲避海浪追擊，又像在跟浪潮嬉戲，身影在岩石上輕盈躍動，有如起伏的波浪。

刺骨寒風讓我感到飢腸轆轆，於是我彎腰摘海菜嚐嚐味道。平坦岩石上滿布油亮亮的綠藻片，非常好摘，但岩石縫隙中長得像頭髮的黑髮菜，質地較密，得稍微用力拉扯，我直接放入嘴中咀嚼，綠藻片口感脆，黑髮菜則口感稍軟，這兩種海菜鹹鹹甜甜，沒特別味道，卻帶有大海桀驁的野氣。等海菜蒐集差不多了，耀忠整個人又趴在大岩石下方挖掘，抓出一大把像一串串綠色小珍珠的海葡萄，我嚐了一口，顆粒分明，帶著鹹甜的海水味。

身材不高、五官黝黑壯碩的耀忠，是花蓮豐濱阿美族港口部落「陶甕百合春天」餐廳的主廚，阿美族傳統食用海菜的方式，不是煮湯，就是沾辣椒水來吃，他今天摘的海菜，主要是用來當涼拌前菜，以及做成海菜蒸蛋。

這個海菜區位在豐濱的石梯坪，這裡長一公里、寬六百公尺，由於珊瑚礁岩比較平坦，海菜分布廣，是族人冬季採海菜的重要區域。耀忠形容採海菜是每年舉辦的部落冬季奧運，得跟海浪搏鬥來回奔跑，還要小心岩石的坑洞，邊跑邊跳。但每個阿美族朋友都習慣說去海邊「拿東西」，像海菜就只取當天需要的量，不會貪多，否則就會被無情的大浪給捲走。

耀忠說，浪有生命有呼吸，你不在意它，它就在意你。

在大浪追擊中，海菜的滋味撞擊我的舌尖與內心，這就是冬天，這就是生活。每當十一月之後，東北季風來臨時，大浪不斷拍打岩石，海中的菌絲與微

採海菜是阿美族冬天的重要活動。

生物隨著浪花植入充滿孔洞的珊瑚礁岩中，加上大量陰冷潮溼的水氣，讓這群來自大海的微小子民，沿著岩石不斷繁衍，蔓延出各式各樣的藻類。

這些藻類被在地的阿美族視為天寒地冷時節的珍饈好菜，如果到了夏天，氣候炎熱，海菜難以生長，口感就會變得又老又苦。只要跟著自然節奏來生活作息，就能找生存之道，阿美族就是一個懂得跟山海節氣共存的族群，透過採集、漁獵和耕作來過生活。

這些野菜不是馴化種植的蔬菜，
而是大自然在不同季節孕育的禮物。

野菜野生活

漲潮時，海菜長得特別茂盛，退潮後，也有美食可尋。由於礁岩上到處都是小洞、小窟窿，海水逗留著不走，洞中就會有小魚、海菜與小蝦。阿美族的長輩會準備鹽、辣椒與白飯，帶著孩子去岩石上野餐。他們把辣椒弄碎放入洞中的海水裡，先將小魚辣暈了，再抓來加鹽、沾辣椒水配飯吃，就能解決一餐。

除了耕作與漁撈，阿美族更被稱為吃草的民族，在平地人眼中不起眼的雜草，卻是他們鍾愛的可口野菜，每株草都有個性與滋味，他們能辨識上百種可食野菜，不用種菜，就能摘取各種節令好食。有一次跟耀忠開車出門，經過一塊野草地，他突然緊急煞車，原來他發現一片野菜新大陸，一邊下車拔菜，一邊喃喃自語，好多好吃的菜啊，我站在一旁卻只看到一片面貌相似的野草。

礁岩間的窟窿，有小魚小蝦與海菜，更有野生九孔與各種貝類。

上：阿里鳳鳳，林投葉編成的阿美族便當袋。
下：小葉碎米薺，帶有獨特嗆味的天然調味料。

看似雜草叢生的石梯坪海邊腹地，其實是桀驁不遜、又可口豐富的野菜王國。海邊最天然的防風林是葉面帶著尖銳鋸齒狀的林投樹，耀忠用腰刀砍下林投的莖葉，再以削切剝的方式，取出樹莖包裹的白色林投心，乍看很像竹筍，但水分飽滿，口感軟中帶點脆度與稠度，可以拿來涼拌或拌炒，吃起來很清爽。我在日本沖繩縣的石垣島，也曾吃過石垣牛肉炒木耳、山蘇與林投心，原來海洋民族都懂得運用自然資源做出美味料理。

耀忠還會用刀削去林投葉的鋸齒利刺，再將林投葉仔細地交錯編織起來，做成一個緊密扎實的小包囊，這是阿美族的便當袋，叫做「阿里鳳鳳」，可以將糯米、小米裝入其中，拿去蒸熟，出門時掛在腰間，餓的時候鬆開葉面，就能飽餐一頓。

冬季海邊有一大片的芒草，把芒草細莖剝開，取出細嫩的芒草心，可以煮湯、涼拌，味道微苦，但會回甘。海岸山脈深山裡的黃藤，除了當建材、編織的材料，更是阿美族的重要食材。滿身是棘刺的黃藤，取下後會有一截還沒纖維化、約六十公分長的藤心，像是大一號的芒草心，味道苦甘，阿美族煮豬肉湯、雞湯，或是螃蟹與蝦一起煮的海鮮湯，放入藤心熬煮後，更增加湯頭的鮮甜，吸飽湯汁的藤心，脆脆軟軟中帶點嚼勁。「我們什麼心都吃，只有『沒有良心』不吃。」耀忠開玩笑說。

耀忠介紹可增添料理香氣與韻味的刺蔥。

由於黃藤長在山林懸崖峭壁，不易取得，又多刺，更顯珍貴，是阿美族宴會款待貴客必備的食材。阿美族常常幾個族人一起入山採藤心，一起拉扯黃藤，彼此有照應，餓了也會在野外烤藤心沾鹽來吃。有一次耀忠入山採藤心，帶手套用力抓扯黃藤，不小心從陡峭的斜坡摔下去，大腿被腰間的佩刀給劃傷，當場血流如注，那種疼痛讓他至今記憶猶新。

在野地、水溝、牆角邊還會三五成群冒出一種葉面小小、長著小白花的小葉碎米薺，嚐起來有種類似哇沙米的嗆味，這是阿美族的天然調味料，在田邊工作時，摘下後可以沾鹽巴、醬油食用，也可以放在醬油中沾生魚片，風味獨特。野地還有嗆辣的雞心小辣椒，綠綠紅紅的像一朵朵小燭焰，阿美族愛吃辣，會將它摘來洗淨加鹽、米酒醃漬後儲存，用在各種料理。

野菜採集除了自家食用，還能在市場販賣，變成一種野菜產業。像豐濱的菜市場很小，因為媽媽們都是自己種菜，或是四處採集野菜，不太需要集市，如果要買野菜認識野菜，耀忠推薦可以去花蓮吉安鄉下午三點開張的黃昏野菜市場走走，這是阿美族媽媽們將採集的野菜匯聚擺攤的集散中心，可以看到另種野菜文化。

會出現這個野菜市場也是偶然。因市場附近曾開設網球拍工廠，大量僱用在地人，這群阿美族媽媽下班後必須買菜回家，一些沒上班的阿美族婦女，就在工廠附近販賣自己採集的野菜，久而久之成為一個市集。這個野菜市場大約十多攤，可以看到被稱為昭和草、口感像茼蒿的山茼蒿，海拔七百公尺採集的野生山蘇、深山裡的藤心、芒草心，還有野莧、山萵苣、龍葵，山芹菜、水芹菜，以及顏色鮮豔紅綠的雞心辣椒，加米酒滋味清香的馬告（山胡椒），野菜的模樣跟名稱與西部市場的蔬菜截然不同。這些野菜不是馴化種植的蔬菜，而是在山野間自然長成，口感較苦澀、有嚼勁，但是沒有農藥，是大自然在不同季節孕育的禮物。

野菜不只是原住民的食物，兩千多年前的春秋戰國時代，人民就是採集野菜維生，記載民間生活的詩歌總集《詩經》，三百多篇詩歌中就有四十多篇是在謳歌採野菜的生活與心情，《詩經》

上：野生山蘇。
下：雞心辣椒。

裡面提到的一百三十多種植物，可食用的野菜就有二十多種。

我曾在石梯坪吃過模樣比一般芹菜還龐大的水芹菜，帶著芹菜香，梗莖較粗大，汆燙後，味道香濃也無苦澀味，還有點回甘。以往香氣清雅的芹菜只是一般餐點的佐料配菜，但在古代芹菜卻是祭祀用的蔬菜，我從《詩經》讀到一句話：「思樂泮水，薄采其芹」，在宴會宮殿旁的水池邊，大家開心的摘採池裡的水芹，采芹成為一種入學儀式，甚至中秀才都被稱為采芹人。連《呂氏春秋》都說：「菜之美者，雲夢之芹」，洞庭湖雲夢大澤旁生的水芹，儀態萬千，豐美好吃。

古人談的芹菜，應該就是水芹菜，日治時期，日本人會將水芹菜浸泡醬油後油炸來吃，阿美族則是煮湯、清炒或醃漬。我邊吃水芹邊感受雲夢芹香的夢幻，青青水芹，乍暖還寒中、迎風搖曳佇立溪旁，如果不是阿美族媽媽們辛勤的採集摘取，怎能一親芳澤？

野菜最懂得節令，暖冬初春，這些大自然的子民就在野地爭相挺立，舒展生命。荒地有情，孕育阿美族從野豔生命中獲取飽滿的力量，凌拂在《食野之苹》寫著：「大地有季節，懂得在季節裡採食各種植物的人，要什麼，就要定了。」

過去的《詩經》總在抒發思念、貧苦的日子，在阿美族版本的詩經，卻是一種野性的生活樂趣。

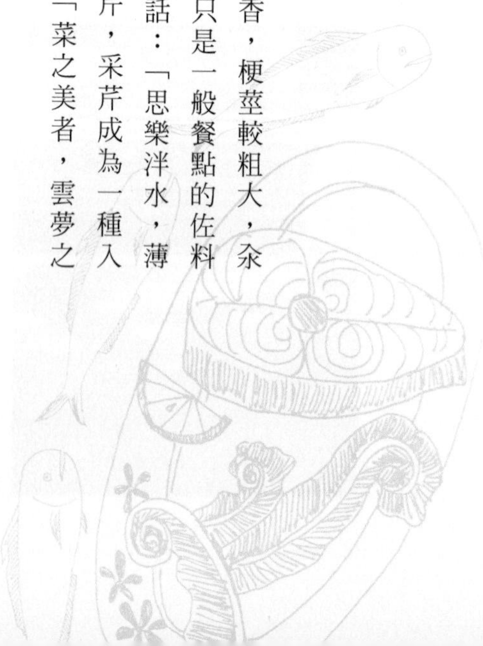

靠近豐濱的台東長濱鄉，清晨的路邊市場也有好幾個阿美族媽媽採集的野菜攤，這也是耀忠推薦我來認識野菜的地方。她們戴著帽子，三三兩兩坐在路旁發呆、聊天，不會特別對往來路人招攬生意，感覺更自在隨性。除了賣野菜，還有採自海邊礁岩的海菜、野生九孔，雞心辣椒，及一罐罐醃好的野蝸牛與醃生豬肉，讓我大開眼界。我蹲著問她們們關於野菜、海產的知識與料理方式，其他媽媽們也七嘴八舌聚過來說明，聊著聊著，她們打開維士比，加點小米酒，就開始喝了起來。「這麼早就喝酒喔？」「怎麼會早，一大早就起來拔菜了，現在很晚了，喝喝酒才開心！」我覺得她們不是來賣菜，而是來聊聊天、過日子，順便交換大自然給的禮物。

台東長濱野菜攤的媽媽們，一早就飲酒開懷。

石梯漁港雖小，卻一直是東海岸旗魚產量最高的漁港。

大海就是冰箱

每個阿美族的孩子，小時候都會有一把魚鎗，可以潛水射魚，為自己準備三餐。

採集生活，是東海岸阿美族傳統的生活方式，位在花蓮、台東交界附近的豐濱港口部落，更是阿美族少數維持完整傳統生活與文化的重鎮。港口部落在地理上是東海岸的中心點，也是阿美族發源地之一，部落仍保存嚴謹的年齡階級制度、海祭與豐年祭。像現在東海岸各部落豐年祭，因為觀光化的原因，舉辦時間幾乎都被縣政府限制，彼此不能重複，只有港口部落自主決定豐年祭時間，目的是為了團結族人，而非吸引觀光客，每年港口部落的豐年祭，全台各地的族人都會趕回來參加。

這個部落的獨特個性，跟地理環境有關。豐濱是背山面海的狹長鄉鎮，是東南方的菲律賓海板塊與島嶼激情相擁，擠壓出來驚天動地的吻痕。豐濱最南端的港口部落，範圍包括從北而南的石梯灣、石梯坪到秀姑巒溪出海口，大海日日夜夜的造訪，雕鑿出錯綜複雜的海蝕地形。從石梯坪看著雲層、山巒與大海的交會，晴晴雨雨都是一種迷濛狀態。

部落中心位在東部第一大河流，秀姑巒溪出海口附近，這條切過海岸山脈的湍急溪流，總長一百公里，從三千兩百公尺高的秀姑巒山，以千軍萬馬之姿，承載著各種蝦蟹鰻魚洄游生物，穿過山林峭壁，一路奔向太平洋。每年農曆三、四月，魚苗都會湧現河口，或是颱風將至前夕，上游水量爆增，將魚苗沖向河口，港口部落的人就會半夜站在河口，挺立在激流中，以三角網撈捕魚苗。

跟隨黑潮洋流而來的鬼頭刀。

港口部落還有一個上天恩賜的禮物。來自南方的溫暖黑潮，像一條深藍色綢帶，緊緊圍繞東海岸，這道溫暖洋流帶來的養分，形成洄游性魚類的漁場，冬天是白皮旗魚這種大型魚獵食，從春天到夏天，則是鮪魚、黑皮旗魚、飛魚與鬼頭刀陸續從黑潮洋流躍出。

這整塊山河海的區域都屬於港口部落的生活圈，光是石梯坪這個小區域，就是野菜與海菜的孕育寶地。

清朝光緒年間統領吳光亮，在東海岸以武力開路，來到此地，看到長短不一如階梯狀的海蝕地形，就取名為石梯，石梯灣是離海最近的灣澳，石梯坪則是珊瑚礁密布的海岸石階平台。石梯坪旁邊、日治時期就興建的石梯港，是綿延迂迴一百二十四公里長的花蓮海岸線之中，除了花蓮港之外的唯一漁港。

陽光照射下，這座緊貼海岸山脈與太平洋的小漁港，像一面倒映綠山藍海的鏡子，漁港雖小，迄今一直是東海岸旗魚產量最高的漁港。港內靜靜泊著像銳利長劍般突出的鏢檯、懸著細長鏢槍的旗魚船。日治時期，日本人有計劃地引進日本沖繩、和歌山、愛媛、高知等地的漁民來東海岸發展，他們帶入鏢旗魚的技術，也僱用許多阿美族、恆春與綠島人上船工作，讓原本只有舢舨、無動力小船的台灣人，也學習到這項海上男兒的絕技，乘風破浪與剽悍的旗魚纏鬥。

石梯漁港的阿美族大姐秀姑開的早餐店很特別，這是漁夫一大早進港、拍賣之後的第一頓餐點，一定得豐富有勁。秀姑的食材跟著節令走，新鮮又便宜，除了好吃的滷肉飯、乾麵之外，主食是新鮮生魚片與鮮魚湯。初春季節，我吃了旗魚生魚片、喝了旗魚湯，一個漁夫拍拍我，說不要忘了喝神仙水。神仙水？他倒了一杯保利達B加上維大力，這是漁夫禦寒的飲料，來這裡活得就要像阿美族海人，每次到秀姑這裡，我一定會吃漁夫早餐跟喝杯神仙水。

有一次秀姑突然要我幫她顧一下店，原來定置漁網的漁船進港了，她要趕著去搶漁獲。只見一大群人等著漁船進港，等漁工將漁獲倒入長長的容器中，各種漁獲如潮水

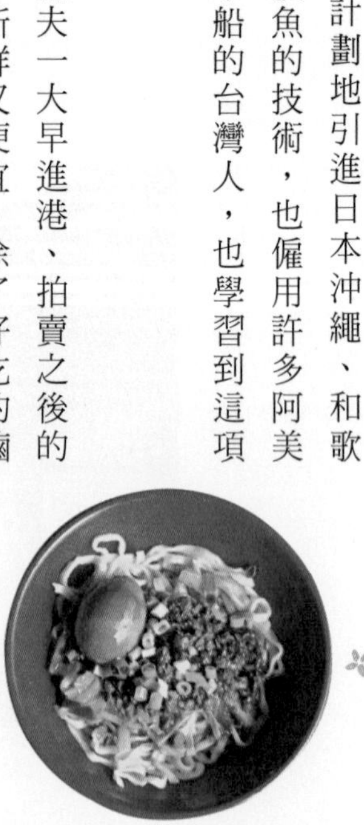

秀姑的肉燥乾麵。

定置漁網捕獲的鰆魚。

生魚片配辣椒水。

旗魚鮮魚湯。

滷肉飯。

奔流出來，大家開始伸手去搶，鬼頭刀、皮刀魚、鰆魚、魟魚，甚至還有鯊魚。搶好了魚，就放到一旁的磅秤計價，船東跟買家毫不囉嗦，說好價格，就打包帶走。我看到一個歐巴桑把魟魚放在機車前籃上，我問這要怎麼料理？從長濱來此的阿桑說，煮鹹菜豬肉魟魚湯、魟魚炒豬腸、甚至生魚片也很美味。

對阿美族來說，大海就是冰箱。每個阿美族的孩子，小時候都會有一把魚鎗，可以潛水射魚，為自己準備三餐。根據經驗，清晨的魚比較好抓，因為才剛睡醒，活動力很弱。石梯灣灣澳較深，岩石多，躲藏不少龍蝦，除了捕龍蝦，還可以帶著鐵鉤去岩石與海溝挖螺貝。耀忠說，他們很窮，沒有麵包吃，每天早餐都是吃龍蝦粥，都已經吃膩了。

食材豐富，但他們從不囤積食物，而是每天現拿不貪多。潛水抓章魚，他們就有個習慣，不能破壞章魚巢穴洞窟，抓完之後還是要把石頭蓋好，因為別的章魚才會再躲在這個洞裡面。長輩也一直告誡，裝滿魚簍就不能再下海抓魚，也不能回家後再出來抓，會發生意外，下次要抓魚，必須再隔一頓飯時間。

冬天太冷不能潛水捕魚，就出海釣魚、採海菜與野菜，石梯港也是族人採買新鮮漁獲的地方。十二月，耀忠帶我到石梯港來找鏢旗魚的哥哥耀男，耀男除了是耀忠餐廳的大廚，平日白天沒事，也會跟著出海捕魚。只見四、五個漁夫閒坐在船上，嚼檳榔、喝點小酒，神色有點意興闌珊，原來今天出海沒有鏢到旗魚，我眼尖看到船上擺了幾條黃色背鰭帶著藍色斑點的鬼頭刀，那是他們意外捕獲的魚，由於四月之後、鬼頭刀的獵物飛魚才會隨著黑潮現身，難怪這幾條鬼頭刀身形還不夠雄壯肥碩，我們討價還價之後，一條三百元、還買一送一。

耀忠問我要不要吃鬼頭刀生魚片，我吃過鹽烤鬼頭刀、鬼頭刀魚丸，但最喜歡吃口感細緻綿密的鬼頭刀生魚片，當下興奮地直點頭。我們上了船，耀忠用刀劃開魚身，稍微輕扯，魚皮一下子就被褪下，看似兇猛的鬼頭刀，露出嫩白的身軀，耀忠再將魚肉切成一片片，沒多久，一條一公尺長的鬼頭刀，就成為一條有如塊塊鱗片的雕刻品。

我問耀忠，有沒有哇沙米？耀忠說，有啊，阿美族的天然哇沙米。他取出礦泉水、鹽巴與野生雞心辣椒，倒在碗裡，將辣椒壓碎成泥，與鹽水攪拌後，將生魚片浸泡在辣椒水中三分鐘，用這個方式將魚肉

在石梯港漁船上，耀忠現切鬼頭刀生魚片泡辣椒水。

脫水，產生緊縮Q彈的口感，並吸飽辣椒的麻辣香，我用手抓起紅透的生魚片，又甜又麻又辣，漁夫們喝了酒，開始唱起歌，旗魚船上的大餐，難忘的野性豪邁。

另一次獨特的生魚片吃法，是在細雨微寒的三月。耀忠從石梯港買來一尾芭蕉旗魚，我們在星夜下的庭院，喝酒唱歌，熱鬧氣氛中，只有牠靜靜躺在木桌上，身邊堆滿碎冰保鮮，嘴上的尖刺已被去除，看似繳械投降，但仍瞪著大圓眼，黑色背鰭依然怒張，彷彿隨時可以躍起再戰。芭蕉旗魚有破雨傘之稱，因為喜歡在海浪中嬉戲捕獵，從鏢檯視野的漁人眼中，看似是載浮載沉的破雨傘。

打赤膊的耀忠用刀切開魚身，在漂流木砧板上一刀一刀劃下鮮紅魚肉，魚肉排成好幾排，燈光照射下，仍有躍躍欲動的鮮豔色彩。遠方的壯麗海潮，庭院裡溫柔的阿美族歌聲伴奏下，我夾了魚肉，沾點醬油與哇沙米，生魚片的滋味已不再是好不好吃、口感如何的形容，而是一種向大海王者的致敬，交織對生命的感動。

耀忠帶我去抓螃蟹。他戴著頭燈，攀出護欄，黑夜中，只見暗淡的頭燈一直往前移動，沒多久，光影往回移動，越來越近越來越近，不到一分鐘，耀忠雙手已經各抓一隻斜紋方蟹，他把螃蟹放在地上，兩隻螃蟹開始快速橫向移動，他打趣的說這也是冬季奧運，他敏捷地抓起螃蟹，笑說只要清蒸就很好吃了。「我太愛海了，白天晚上都在海上，我們都是太平洋股份有限公司的員工。」耀忠不是為了供應客人最新鮮的食材，才會清晨捕魚，夜裡抓螃蟹，這本就是他熱愛的生活，只是恰好分享給遠道而來的旅人。

東海岸Lokot之歌

「我的菜要經過一段路，跋山涉水、日晒雨淋，才會到達你的桌上。」

耀忠手拿皮刀魚模仿菜刀。

耀忠的料理已經是東海岸傳奇。運用阿美族的食材，加入自己的創意，又親自採集捕撈食材，將熱情完全融入在廚藝中。許多人慕名到他開設的「陶甕百合春天」吃飯，大部分的人都只從餐桌上認識耀忠，但耀忠餐桌以外的故事更精彩。

耀忠曾在供應團餐的餐廳工作，沒有個性，味道單一，他吸入過多油煙，一直生病咳嗽，咳到以為自己快死了，他問自己，真的要這樣走完一輩子嗎？他決定離開，陸續開各種餐廳，但創業過程很不順遂。他回到家裡重新開始，在外頭搭一個簡陋的棚子，開始做自己想做的料理，融合阿美族生活方式、在地食材，以及自由創意。一開始客人很少，有時一週才一桌客人，他缺乏自信，還不敢跟客人說話聊天，後來硬著頭皮訓練自己講話，講食材、講生活，客人慢慢變多了，沒有特別的裝潢，從廚房出菜，還要走一段路才能送到餐桌，「我的菜要經過一段路，跋山涉水、日晒雨淋，才會到達你的桌上。」

後來耀忠獲得亞都麗緻的嚴長壽賞識，邀請他去台北亞都麗緻當客座廚師，他去了

鹽烤鬼頭刀。

如花朵般的生魚片。

一陣子，卻不適應那種一身廚師白衣、戴高帽子，乾淨優雅的氣息，他平常都是打赤膊做菜，開心就喝酒跳舞，靠一把刀就能採食材、切菜、殺魚。他迷惑了，到底要追求什麼？到底自己是誰？內心很掙扎，他決定離開，用兩週的時間騎單車環島，一路上打工換住宿，了解別人的食材與故事，最後返回部落，決定不離開家了，希望用更有創意與美學的方式，呈現部落最真的味道，把人吸引到部落，比離開部落出外工作更有意義。「找不到自己的味道，一直跟著別人，就永遠找不到自己。」他告訴自己。

耀忠大膽運用各種食材相互連結，產生新的味道，又善於使用白色餐盤，如畫布般將食材點綴成山海風景，有精緻的小品，有粗獷的豪氣。像山藥醋汁野菜蛋捲，就是將蛋皮包裹著過貓、龍鬚菜、紫山藥與部落常吃的芭蕉乾，改用低溫烘烤來呈現芭蕉乾的口感，再配上烤過的小番茄，各種滋味與口感都融在一起。或是把野菜龍葵切成細碎，再用豆皮包起來，翠綠的顏色很誘人，又讓龍葵跳脫傳統煮湯或蒜頭快炒的料理方式。

他的潮間帶海之味，就把蠑螺、烤中卷、生魚片、秀姑巒溪出海口的蝦虎、各種海菜同時擺在大盤上，或是各種生魚片、龍蝦與螃蟹放在漂流木做成的餐盤，襯著月桃葉、月桃花，以及石頭，華麗的姿態不斷讓人發出「哇哇」的讚嘆聲。即使只是鹽烤

上：耀忠大膽運用各種食材產生新味道。下：潮間帶海之味。

鬼頭刀魚頭魚腹，也有驚喜，因為魚腹中會加上散發迷人香氣的刺蔥，增加魚肉的韻味層次。

我常在廚房裡跟耀忠聊天，他可以邊用肩膀與脖子夾著手機講電話，邊將食材擺放在餐盤上，忙亂中依然充滿美感，我問他是否有固定的表現方式，他說看感覺，七成會不同。一次為了慶生，朋友詢問有沒有蛋糕，耀忠說，這裡只有阿美族的蛋糕，高粱酒跟雞蛋，滿腦子天馬行空的笑話跟創造力，很難用框架去限制他。但耀忠還是有嚴肅的時刻，他希望藉由廚藝與生意，來對部落年輕人證明，除了離漂流木之外，用廚藝展現生活，也能走出自己的天空。

耀忠料理旗魚生魚片。

一個住在南投竹山的大姐，十多年前搬來石梯坪，已經習慣夜夜伴著海潮聲入眠，她回竹山老家探親，山上一片靜寂，她竟徹夜失眠了。離開海，生命彷彿就失去心跳。

就像秀姑巒溪河海交界的一座無人島Ciporn，意思是在河口，從清代開始，Ciporn就有各種漢譯名稱，包括泗波蘭、芝舞蘭、秀孤巒、秀姑巒與獅球嶼。阿美族在地耆老也稱這座無人島叫Lokot，因為溪水與海水交會，狂風暴雨交織著風平浪靜，Lokot意思是儘管歷經風雨，這座島嶼仍站立不動。

當黑夜潮騷響起，耀忠是否也起身帶著三角網，跟他的網友們，在河口上演一場Lokot之歌？

如果你想品味豐濱人的餐桌

陶甕百合春天 花蓮縣豐濱鄉靜浦村3鄰138號 (03)8781479

石梯港秀姑麵店 花蓮縣豐濱鄉港口村石梯灣96號

比西里岸人的餐桌故事

飛魚與羊的熱帶憂鬱

太平洋拍打長堤前的消波塊，發出轟隆轟隆悶悶的低響，
在這個憂鬱的冬季，即使沒下雨，
奮力舉手的海浪仍化成點點雨霧，瀰漫整個聚落。
我沿著海岸行走，離開消波塊集結的區域，來到礫石灘，
潮水似乎帶著狂暴的怒氣，洶湧而上，
潮退時，卻依依不捨的擁抱著鵝卵石，留下喃喃的嘆息。

這裡是台東成功鎮的三仙台社區，阿美族稱為比西里岸的地方。
潮浪以不同的聲音喚醒比西里岸的清晨，
回程時，我看到一個穿紅鞋的小女孩，靜坐堤上，不知是沉思或發呆，
離她不遠處，一隻用漂流木組成的大山羊，目光眺望遠方的珊瑚礁小島，
彷彿是女孩與海岸的守望者。

比西里岸人
的餐桌故事

Mamu的熱情早餐

在地的阿美族稱這裡為「比西里岸」（Pisilian），「sile」是山羊的意思，比西里岸就是放羊的地方。

沒多久，一群孩子出現在長堤，開始說笑話玩樂，或是彼此追趕，在長堤上奔走。這裡是孩子們的遊樂場，他們冬天看海，夏天下海游泳、抓魚，化身成海浪，隨著海水起伏。海浪聲日復一日，年復一年，七十九歲的Mamu（阿美語祖母的意思）也聽了七十多年，她年輕時，每天傍晚或夜間，等到退潮時，也是沿著這條海岸線走到三仙台，涉水上島，為避免衣服溼掉，得脫去上衣頂在頭上，在潮間帶採集海菜、海螺、海膽與各種貝類。

歲月壓駝了Mamu的身軀，她現在只能沿著長堤走走，聽聽浪聲，將體內如大海般的澎湃感受，轉化成美味的早餐，熱情的招待旅人們。走下長堤，經過一個Sasa（阿美語，休息的涼亭），Mamu正躺在草蓆上與幾個長輩聊天，看到我來了，不好意思地坐起來，趕忙去一旁的早餐店準備。這裡有米漿、豆漿、饅頭、飯糰、蛋餅與蔥抓餅，除了熱狗與雞塊之

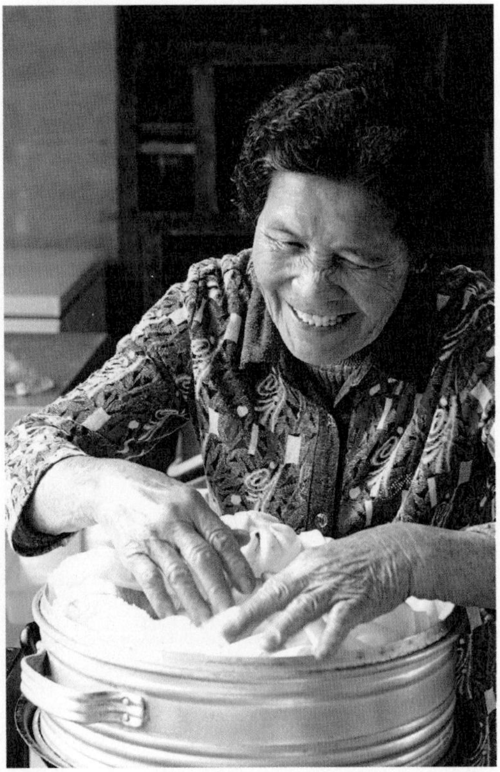

開早餐店的Mamu總是微笑以待。

外，其他都是Mamu清晨三點起床親手現做的早點。

小巧的飯糰，呈現淡淡的黃色，這是先用醬油將糯米炒過，再包上肉鬆，口感跟漢人的飯糰很不同，多了點嚼勁與香氣。蛋餅的餅皮是Mamu自己調配，厚厚的麵糊摻著滿滿的蔥花與芝麻，在鐵盤上反覆煎熟，散發淡淡香味，起鍋前打個蛋，一個厚實飽滿的蛋餅就上桌了。我意猶未盡，又點了肉包跟饅頭，Mamu笑著說食量很大喔，五點半就開店的她，想必已耗費不少體力，偷空吃幾口饅頭，又蹲在一旁洗碗。

一個可愛的小女孩跟媽媽來外帶早餐，Mamu不忘塞幾個有大紅圓點的小包子送給小女孩，這其實是Mamu自己開發的紅龜粿，糯米包花生或紅豆，只是個頭小，紅點特別大。兩種口味我都點來吃，很扎實，糯米皮脆脆的，外形跟口感都跟閩南口味大不同。「Mamu的腦裡裝三仙台的石頭，很聰明。」來幫忙煎蛋餅的大姐說。「Mamu沒有學校啦（沒念過書的意思）。」Mamu講話輕柔，一直笑、一直彎腰說謝謝。

我好奇，三仙台的石頭這麼靈嗎？是呂洞賓的威力，還是大自然的能量呢？在地的阿美族稱這裡為「比西里岸」（Pisilian），「sile」是山羊的意思，比西里岸就是放羊的地方，這裡舊名「白守蓮」，海邊當然無白蓮可守，只是政府強加的無意義譯音，現在改名為台東成功鎮三仙台社區。

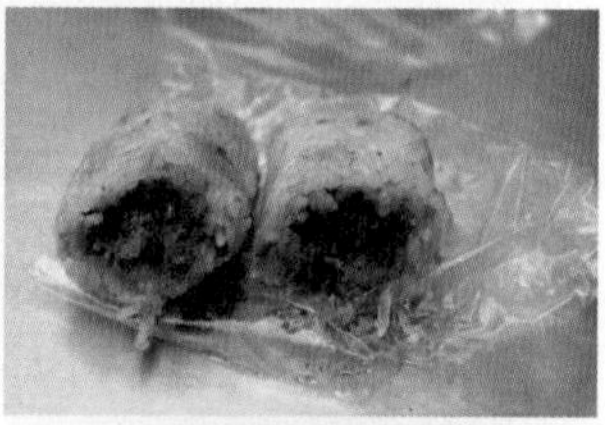

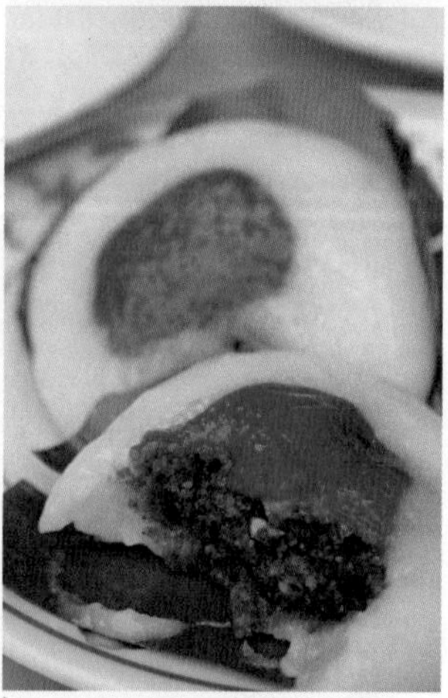

上：飯糰的糯米已先用醬油炒過。
下：Mamu研發的紅龜粿，外形口感都獨樹一格。

三仙台是漢人的想像，因為這個珊瑚礁島嶼上有三座巨石，傳說鐵拐李、呂洞賓與何仙姑曾在此歇息，比西里岸這個名字，才能傳達在地人真切的生活紀錄。這裡是個新聚落，日治時期，海岸阿美族從花蓮豐濱港口部落，或是台東長濱的部落遷居來此，一開始住在山上的高台，海岸附近則住著從屏東恆春移民來此捕魚的漢人，有些漢人養了山羊，會將羊放牧在三仙台上，漲潮時就成為一座無法涉水而過的孤島，可以將羊群困在島上，退潮時，再把羊趕回家。於是，阿美族開始稱這裡為比西里岸，除了來潮間帶與島上採集食物，也在島上養牛。

Mamu想起以前在高台的生活，白天在梯田工作，到山上砍柴，傍晚有空時，大約三十多個族人，會一起去海灘上拉漁網、牽罟捕魚，後來因為颱風襲擊，不少住在山上的阿美族的房子都遭損毀，決定遷下來，與漢人混居。

一個漢人的神話，一座一九八七年完工的跨海拱橋，接著又被納入東海岸風景管理處，讓放羊之地成了觀光重鎮，甚至禁止阿美族來此放牧、採集林投果與野菜，羊群跑了，觀光人潮來了，加上土地休耕政策，山上的大片梯田全部廢耕，部落也沒落了，為了生計，不少年輕人跑去台北當建築工人，或是去遠洋跑船，一年難得回來一次，部落只剩老人跟小孩守著家園。

我沿著山路上行，遠眺一大片廢耕、長著綠草的梯田，與大海藍天相連，懷想著往日阿美族白天耕作，傍晚捕魚、採海菜的情景，那種和樂的日子似乎成為唏噓記憶。

移民的漢人陸續離開，寧讓家園荒蕪也不願整理，難怪這個聚落不少房子都是殘破傾頽。散步時，看到有個阿婆站在一個人去樓空的水泥屋舍前，為破敗窗洞裝上漁網，好奇詢問，原來這樣就不會有人朝窗內亂丟垃圾。

走著走著，遇到幾個居民正在喝酒聊天，吃著一種剛捕捉到的小魚，他們熱情招呼我，這種多刺的銀色小魚，沾上加了蒜頭與辣椒的醬油，味道又重又辣，十分下酒。我又看到十多個漁民坐在地上、板凳上整理漁網，有人在縫補漁網，有人用錘子敲打網裡攀附寄生的藤壺。他們邊喝酒聊天邊工作，說藤壺敲下來之後，煎蛋最好吃了，也聊到海裡讓人困擾的水母，只要清燙後，就有天然海水鹹味，也是下酒的菜餚。

曾經在巷弄內遇到一個晒鹹菜的七十多歲的婆婆，她被族人稱為最會找蠑螺的海女，因為不喜歡被人發現她的祕密採集地點，總是喜歡晚上退潮時，趁著月光到三仙台潮間帶採集食材。部落的年輕人很好奇，這種附著在岩石上的蠑螺，看起來都像石頭，挖到蠑螺的成功機率不到兩成，但是海女總是能敏銳辨識出來，滿載而歸。

我在被稱為「部落酒吧」的雜貨店喝啤酒時，老闆招待我吃冰凍的波羅蜜，甜甜脆脆，非常消暑，這是來自他們在山上種植的果園，老闆是從恆春來此的第二代閩南人，父親來這裡捕魚，就定居不走了，而因為父親年紀大了，他不忍老父獨守雜貨店，決定也跟太太來比西里岸定居，守著家守著海，每天阿美族人從早到晚，坐在這裡聊天、吃飯、喝酒，不然就是買了酒，坐在長堤上吹晚風。

飛魚躍出，憂鬱的熱帶

土地與大海是比西里岸海岸阿美族的雙翅，雙翼逐漸凋零，讓這個閃爍的銀點慢慢黯然。

相對於三仙台來去匆匆的觀光人潮，這裡雖是個平凡安靜的小村，仍蘊含豐富的生命力。

三仙台。

我和比西里岸社區發展協會的朋友理事公（理事長的老公）一起去三仙台島上走走，這裡原本是一座岬角，海水的侵蝕，蝕斷了岬角與陸地的連結，成為一座珊瑚礁環繞的孤島。一座八拱橋上上下下得走上半小時，許多遊客（大部分是大陸客）走一半就折返，或是在海邊拍照，到處都是人潮。我們下了橋，一路往島裡深處走去，這裡像另個失落的世界，兩旁都是茂密的林投樹，整座島的景觀很壯闊，到處是險峻的礁石、高聳的巨岩，得爬上爬下，四處散布海蝕溝、壺穴等海蝕景觀，圍繞島嶼的碧海藍天，更讓人眼界開闊。

理事公指著前方的一小片草原，那是以前牧羊放牛的地方，他

從三仙台回望比西里岸部落，籠罩在山嵐雲霧之中。

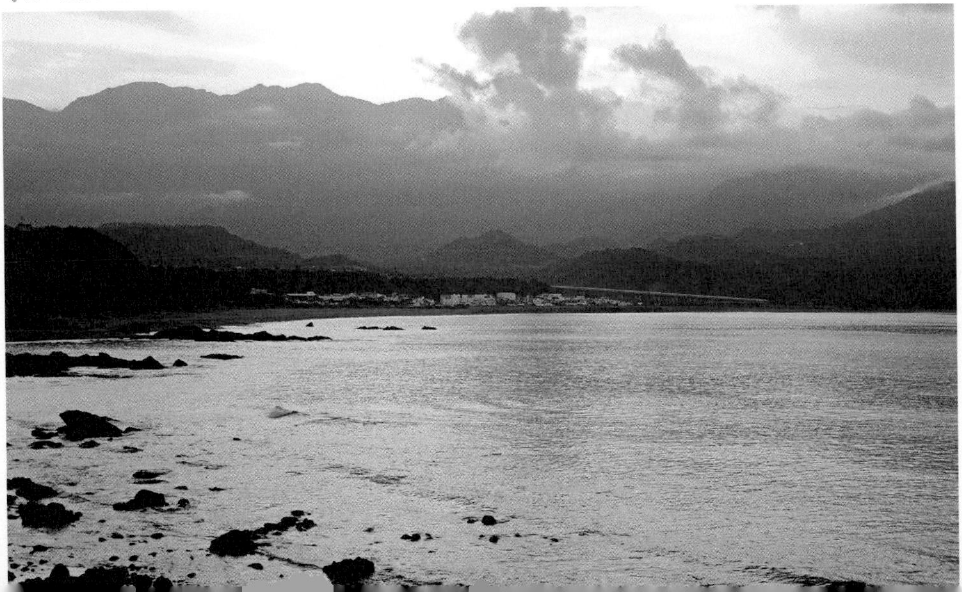

們的長輩來放牧時，會順便採集螃蟹、貝類，接著就在草地上吃東西「巴格浪」起來（巴格浪是阿美語慶祝的意思），像馬糞海膽就是敲開外殼，倒入米酒，直接生吃，這裡野生物產豐富，是一個天然的冰箱。只是那個草地依舊青綠可口，卻再沒有牛羊來此停留，理事公神情有些落寞，我們吹著海風，佇立良久。回首望向比西里岸部落，在層層疊疊的海岸山脈與山嵐環繞下，部落小小的房子若隱若現。

望向另一邊，是個定置漁場，漁場的分布面積比花蓮豐濱的石梯港定置漁網還大，理事公說這是東海岸珊瑚礁最後一塊淨土，漁場像鉤子一樣，撈住隨洋流移動的魚群，每天早晚漁獲都會載到附近的基翬漁港（基翬是阿美語海灣，或有灣的地方）拍賣。

那天下午五點半有兩艘漁船進港，小小的港口已有不少人等待買魚，等船員上岸後，將漁獲傾倒在地上，眾人開始搶拿各種魚鮮，理事公搶了兩條黃鰭鮪與俗稱炸彈魚的鰹魚，秤重後，付了錢，他用黑色塑膠袋包好魚，這就是我們的晚餐。晚上大家吃著鮪魚生魚片，以及切成厚塊、只加鹽煮成湯的炸彈魚，味道很簡單，就是新鮮，對理事公來說，這是日常生活的平凡

上：基翬漁港搶漁獲。
下：有炸彈魚之稱的鰹魚魚塊。

味，對我來說，卻是最單純的美味。

有天黃昏，我看到一個白髮婆婆拄著拐杖，從部落走出來，爬上長堤，跟那隻漂流木大羊一樣，望著三仙台出神發呆，待了十幾分鐘後，又緩緩走下階梯，回家去。在部落走動時，經常會看到一家老小坐在庭院吹風吃晚餐，但也有不少老人獨坐在庭院裡，即使在夜晚，也保持同樣的姿勢，彷彿失去翅膀的飛魚。

地圖上來看，這個位在台東成功鎮東北方的小島，有如大海的淚珠，又像一條躍出的飛魚，這條飛魚很憂鬱，就像比西里岸部落的海浪聲，帶著心碎的離人憂傷，法國的人類學大師李維．史陀在他成名作《憂鬱的熱帶》，其中一篇〈鬱悶的赤道無風帶〉寫著：「飛魚飛向空中，其尾部輕打水面，身體由外展的翅帶動，好像一片藍色鏡面上到處閃爍的銀點。」

土地與大海是比西里岸海岸阿美族的雙翅，雙翼逐漸凋零，讓這個閃爍的銀點慢慢黯然。部落許多孩子的父親都不在家，有的是去跑船，有的在大城市當工人，或是舉家移民到台北與桃園，一些孩子甚至國中畢業後就到北部工作。部落土地荒廢了，不少山上視野良好的據點，也被財團收購，孤守著這片海，無法養活一家人，只好遠離家鄉，進入別人的土地，航行異國的海域。

留在部落的中年人，每到飛魚躍出的夏天，就開始忙碌起來。太陽越熱，越是燻飛

切飛魚。

魚的好時節。部落人會在夜晚出海捕飛魚，保存一夜，早上開始處理飛魚，先用剪刀剪掉翅膀，用刀從魚尾沿著魚背剖開身體，一直開到魚鰓，刀切到魚骨時，會聽到咔咔的清脆聲，攤開魚身後，去除內臟與鰓，有時還有一大條飛魚卵，再用牙刷去除骨頭邊的雜質，接著以清水沖洗魚身，最後浸泡在鹽水中一小時。拿起鹽水中的飛魚，兩隻圓圓大眼與身體，彷彿透過鏡子對映成兩條魚，看起來像隻貓頭鷹，又像面具。再用竹籤穿過撐開身體，用鐵鉤勾住魚下巴，掛在竹竿上，在太陽下瀝乾一小時，重頭戲是用木頭慢慢燻烤飛魚十五個小時，負責人得徹夜不眠守著柴火，只為了成就一條風味十足的飛魚乾。

阿美族的燻飛魚方式，不像蘭嶼達悟族只把飛魚晒成乾，魚體會保留一定的水分，再用月桃梗、漂流木或甘蔗梗來煙燻，可以吃魚乾配啤酒，或是煮湯、當炒菜佐料。

比西里岸社區就有五家飛魚屋，材料與燻烤方式不同，風味也不同。我走到靠海的第一家普頓飛魚屋（普頓是阿美語船長的意思），剛好遇到普頓處理好新鮮的飛魚，正讓飛魚做日光浴。隔天中午過來時，遇到普頓的太太在燻飛魚，煙幕瀰漫又嗆人，一條條飛魚整齊的躺在木板上，木板底下大塊的漂流木不斷釋放煙霧包裹住飛魚。普頓太太得每隔十分鐘就讓飛魚翻面，翻完後休息一下子，又得起身繼續。普頓帶一包煮熟的炸彈魚塊豆芽菜與

燻水針。

燻飛魚乾。

剪飛魚翅。

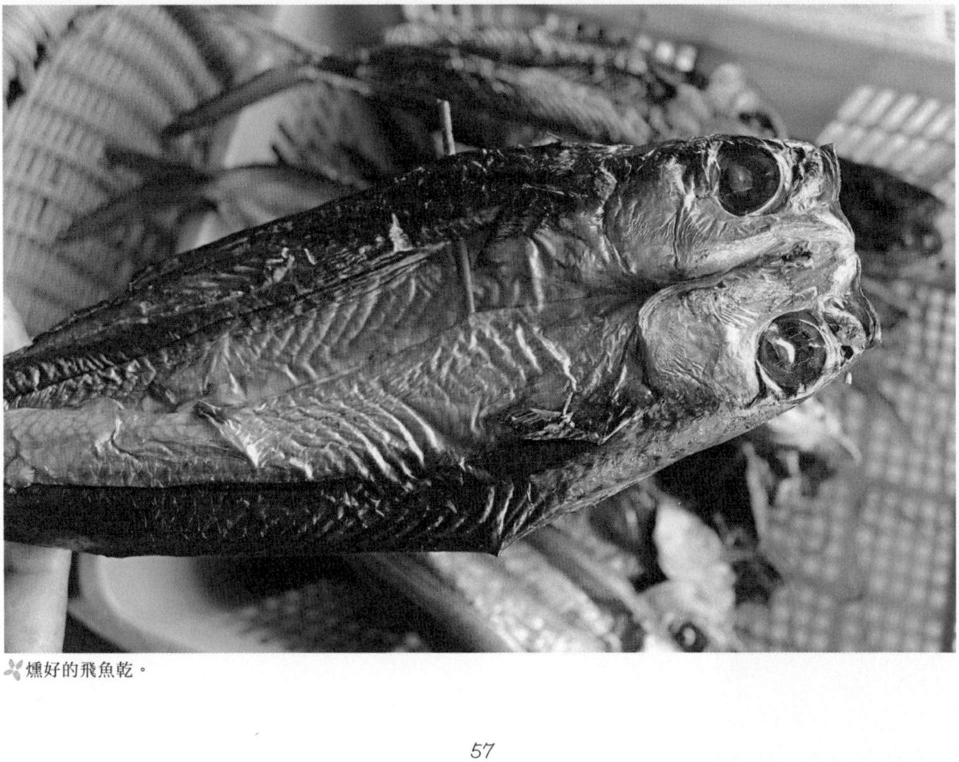
燻好的飛魚乾。

白飯，當成太太的午餐。普頓太太問我要不要一起吃？我們兩個就坐在一起，用手抓飯、抓魚抓菜邊吃邊聊。隔天，他們改燻水針，他們說這是飛魚的表哥，一長排擺放整齊、切成一塊塊的魚肉，青藍色的魚骨特別豔麗，遠望有如一塊塊瓦片。

普頓太太吃午餐。

部落還有一家飛魚屋「拿愛給你」（阿美語「那麼好」），巷弄中又有第三家「阿哇沙杜」（阿美語「你怎麼空手來？」），第四家是「衣拉嘟」（阿美語「有啊，有帶伴手禮」），部落盡頭則是「沙乃旗瑪」（阿美語「誰說的？」）。我在「衣拉嘟」看到用月桃梗燻飛魚，旁邊住家有兩個婆婆正在清理飛魚內臟，她們將魚腸的雜質捏掉，把魚頭、魚鰓與內臟裝在一個盆子裡，加入鹽巴與米酒幫助發酵，經過一個月之後，顏色呈深咖啡濃濁狀，被稱為阿那度。阿那度看起來不甚美觀，卻是海岸阿美族的調味聖品，可以拌飯、拌湯，增加風味。我在部落吃過將阿那度的魚腸放入湯中，攪拌一下，加點蔥薑，讓湯更鮮甜，生吃時魚腥味很重，味道也鹹，卻很下飯。

這種日常生活的味道，對我來說都是味蕾的衝擊。阿美族也喜歡吃醃豬肉，稱為Silaw，提到Silaw，阿美族朋友個個眉

豔陽下，晒飛魚。

開眼笑。製作Silaw可不簡單，有時比西里岸的人還得準備好豬肉，拿去外頭請專家醃製。一個朋友曾嘗試自己醃Silaw，但她的手心會冒汗，可能影響到醃製過程，打開封蓋，因為太臭了，全部的人都跑掉，甚至還會長蟲。

另一位朋友金蘭，阿美族名字叫法魯桂（意思是像地瓜或稀飯一樣的美味），她自己做Silaw就很有心得。先用粗鹽醃生肉，用力攪拌之後，放置一週慢慢發酵，倒掉出水後的血水，重新抹鹽，再放入米酒，一個月後就成為美味的Silaw，因為阿美

族喜歡豐厚的油脂，Silaw都以帶點瘦肉的肥大豬皮脂肪來醃製，也有人喜歡做成排骨Silaw。每個地方的做法不同，例如住在池上的恆春阿美，會用剛剛蒸熟的飯，加入鹽巴，一起放入甕中幫助發酵。

阿美族稱糯米飯叫Haha，可以加入芋頭或是紅豆與糯米一起蒸熟，上山工作時，帶著Haha，再帶一罐Silaw或阿那度，就能飽餐一頓。Silaw是讓我很難忘的食物，味道帶有醉人的香氣，煎過的Silaw配上肥肥的油脂，滿像客家鹹豬肉，但帶著一點酒香，生的Silaw更好吃，這種醃製發酵由生轉熟的味道更野性，切片之後，黃澄澄的模樣，遠看像一盤鳳梨，脂肪非常肥嫩滑膩，粉紅色的瘦肉也很有嚼勁，配著熱騰騰的Haha，吃下肚會有一點點灼熱感。

Haha糯米飯。

製作阿那度，其貌不揚的它可是部落的調味聖品。

寶抱鼓，鼓動青春

鼓聲、歌聲、舞蹈與笑容，為部落帶來傳承的力量，有如追逐黑潮、生生不息的飛魚。

比西里岸的傳統生活，這幾年也起了很大變化。五年多前，因為有孩子把定置漁網的廢棄浮筒切開，加上羊皮，拿來打鼓自娛，慢慢聚集了更多孩子，於是社區發展協會理事長春妹，就鼓勵孩子課後到協會練打鼓、上網，不會到處亂跑，再經過眾人的協助，終於有老師來教孩子打鼓，並排練各種曲目。因為阿美族稱浮筒為PawPaw，於是社區成立了寶抱鼓樂團，在部落演出，後來也在台灣各地、甚至海外表演。同時也有藝術家思考如何找回比西里岸的特色，就跟喜歡工藝的理事公、族人一起合作，用漂流木打造一隻大羊，放在長堤上，成為部落的象徵。族人慢慢找到自信，開始用漂流木製作各種羊兒，擺放在部落各個角落。

寶抱鼓樂團的成立不只讓孩子獲得肯定，增加學習動力，社區還建立一個獎金制度，一部分交給孩子的阿公阿媽去買菜，一部分是孩子每個月的零用金，還有就學存款，鼓勵他們升學，等到高中畢業才能提領。寶抱鼓有七公斤這麼重，孩子揹在身上，不斷敲打，經常會練習到破皮流血，還結滿厚厚的繭。十五歲曾去台北打工，十八歲回鄉讀高中，也加入寶抱鼓擔任團長的Suwan，去年入伍當兵，最近快退伍

外界對寶抱鼓的肯定，讓孩子投入練習，享受演出的樂趣。

了，原本母親希望他留在部隊當職業軍人，求個安定生活，但打鼓讓他找到自信，他決定回去部落重建家園，找回失落已久的文化。

寶抱鼓的鼓身綁著豔麗的紅黃綠絲帶，表演服裝也是這三種色彩彼此交織，這是海岸阿美族的三原色，象徵他們的文化與驕傲，我們在用漂流木、漁網與麥飯石打造的比西里岸文化中心（又名PawPaw之家），欣賞這群孩子的演出，激昂的鼓聲、整齊一致卻活潑的表演，傳遞出大海的溫柔與澎湃，自信活潑的神情，跟平常害羞模樣大不相同。

鼓聲震撼我的內心，一首呈現海浪與礫石聲音的曲目，又那麼溫柔低迴，讓我想起早晨在海岸線行走的感受。其中一首流傳多年且非常經典的〈馬蘭姑娘〉，女孩用乾淨溫柔的歌聲詮釋堅固的柔情，歌詞是「父母親大人！請你們同意我倆的婚事，我倆是情同意合，海枯石爛永不渝，若不能得蒙許，我將橫臥在鐵軌上，讓火車輾成三段。」我也看過三個男生打赤膊，結合阿美族舞蹈與青少年街舞的勇士之舞，眼神剽悍專注，身形健美俐落，翻身、蹲下、彈起、振臂揮拳，像追逐飛魚的鬼頭刀那麼兇猛，又像振翅飛行的飛魚那樣輕盈流暢。

鼓聲、歌聲、舞蹈與笑容，為部落帶來傳承的力量，有如追逐黑潮、生生不息的飛魚。我想起村上春樹的《海邊的卡夫卡》，烏鴉告訴主角田村卡夫卡，要做全世界最強悍的十五歲少年，這群海邊的擊鼓少年，同樣努力以溫柔且強悍的聲音，證明自己的存在，「要說什麼是有意義的，只有我們是從什麼地方來的，要去什麼地方而已。」村上春樹在《海邊的卡夫卡》寫著。

許多部落年輕人已不太了解比西里岸部落的歷史與文化，Suwan說自己的身上流著原住民的血，一定要了解血脈的意義，他的哥哥阿照，就放棄台北的燈光音響工作，返鄉到社區的廚房學習做菜，殺飛魚、去潮間帶採集食材，一切從頭學起。那天傍晚我們在海邊烤肉，烤海膽、生吃俗稱輪胎苦瓜的野茄，野茄個頭很小，像綠色小番茄，清苦卻回甘，這些都是阿照跟夥伴搜羅而來的食物。

現在連繪本作家幾米的作品也來到部落，藉由《走進春天的下午》這部作品，小女孩與小狗阿吉的腳步，遵守跟好友的約定，出門歷險探訪好友的父母。小女孩跟阿吉的身影，就由部落孩子與藝術家一起彩繪在巷弄的牆面上，引導旅人去認識部落生活，像蠑螺海女的家、普頓船長的家，外牆就彩繪了幾米的作品，一個原本只剩圍牆的廢墟，畫上舞動的羊群之後，也重新修建變成民宿。曾有一個醉漢將一幅幾米壁畫塗掉，附近開早餐店的大姐覺得很可惜，就在她的早餐店旁邊，畫上小女孩與一隻狗，只是這個女孩是阿美族，皮膚比較黑，小狗也是部落的黑狗，反而呈現另種趣味。

從寶抱鼓出現之後，彷彿召喚出各種約定，不約而同出現在這個小漁村。社區開始積極經營屬於自己家鄉的風味餐，除了一條像張翅起飛的炸飛魚、海女的蠑螺、大星笠螺、海菜，都是最新鮮的海味，還搭配飛魚乾春捲，這是用豆薯、紅蘿蔔、青菜、豆芽與小黃瓜，加上現炒的飛魚乾鬆包裹而成，飛魚乾的香氣與鮮甜蔬菜交融，容易入口。部落體驗還能搭配搗麻糬（阿美語「杜侖」）體驗，這是兩人用木杵輪流互搗Haha，搗成又熱又黏又綿密的麻糬，配上花生粉當成甜點，或是配上Silaw來吃。社區婦女也開始製作吐司麵包，配上起司、撒上帶著清香的刺蔥，驚喜的是麵包內還塗上切成小塊丁狀的Silaw，讓起司香、刺蔥香與Silaw的淡淡酒香彼此結合。

右：由上至下為風味餐，炒Silaw配洋蔥，大星笠螺。
左：由上至下為杜侖，飛魚乾春捲，Silaw刺蔥起司麵包。

村落偏僻的角落，放著漂流木做成的兔子。

有了漂流木的羊群，還有理事公與族人用漂流木製成的幾米作品的兔子（用了一萬根漂流木釘製而成），加上巷弄裡的幾米插畫作品，整個部落就是一個美術館，配合寶抱鼓嘹亮的鼓聲與歌聲，比西里岸展現一種無比的活力。

最難忘的還是比西里岸的夜晚，我常遇到寶抱鼓的團員、部落的孩子在文化中心前面彈吉他、唱歌、溜滑板，烤肉，有人閒聊，有人唱歌，輕拍著寶抱鼓，吉他換來換去，彈奏不同曲子與心聲，有歡樂有憂傷，有嚮往有茫然，但至少他們還住在家鄉，擁有做夢的權利，找尋生存的意義。

坐在長堤上，聽著淡淡的鼓聲，前方三仙台升起的月光，將海面映成月之海，天上滿布閃爍的星星，海上漁火點點，那是即將返航的飛魚船。黑夜中，那隻漂流木大羊還是直立昂首，守望著部落。

明天，部落又將洋溢燻飛魚的香氣。

如果你想品味比西里岸人的餐桌

有限責任台東縣成功鎮原住民社區文創合作社

台東縣成功鎮白蓮路145號 0988-353122 E-mail: pisilian.romaita@gmail.com

09:00-17:00，每週一公休

池上人
的餐桌故事

永遠的夢土

台東池上，台灣最夢幻的米鄉，我最喜歡晨跑的地方。

清晨，我在池上農田小徑慢跑，眼前是廣闊的田野，
只有中央山脈與海岸山脈和我的視線對望。
完全沒有電燈與電線桿遮蔽的農田，隨著地形起伏，
大地如畫布，夏天是隨谷風擺動的金黃稻浪，秋收後是襯著白雲藍天的如鏡水田，
有時還會與從海岸山脈垂降攀爬過來的雲瀑，相遇。

邊跑邊呼吸稻香，眼睫隨時調動自然色彩，
這大概是全台最華麗的慢跑路線吧！
除了看到農人在巡田水、彎腰種菜，還會發現不少稻田都立個牌子，
上面寫著農人姓名、得獎記錄，還有短短的種田哲學，
我經常停下來端詳立牌的訊息，每個字句傳達農人的自信與驕傲。

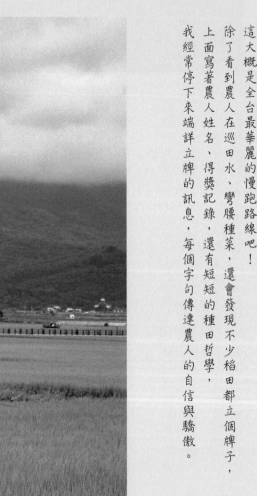

池上人
的餐桌故事

一攤攤早餐，一個個故事

早晨的池上菜市場很熱鬧，市場小小的，許多菜販都坐著聊天。

有天晨跑經過一個巷弄，一戶平凡的住家，招牌寫著「大池」，大門內堆滿木頭，心想這不就是在地人推薦，常常得提早預訂、全台東知名的「大池豆皮」嗎？看起來卻不太起眼。其實這家店本名「天池」，因為年久未整理，招牌「天」字上頭那一橫的筆畫褪色，變成了大池，後來大家就都習慣稱大池豆皮。

大池豆皮。

我看到裡面有一對年輕夫婦在高溫的空間中工作，儘管汗流浹背，卻安靜專注。他們以燒柴的蒸氣來煮豆漿，再從豆漿表面輕柔撈起一張張薄如紙的豆皮，掛在架上晾乾。一位伯母探頭出來，用濃濃的客家口音詢問來意，難得有外地人進來，她很開心地跟我聊天。他們姓曾，每天清晨三點多起來備料，一直工作到中午，這樣已經工作四十年了，現在由第二代接棒，老夫婦還是日日早起協助，沒有偷懶放鬆。

曾媽媽問我吃過早餐了嗎？我搖搖頭，她說要煎豆皮給我吃，當然求之不得。只見她在剛晾乾的新鮮豆皮上抹一點鹽，放在鍋裡煎一下，撒上香菜，再對摺，兩面翻煎，煎到有一點點焦黃時就起鍋。又香又燙，靠一點點鹽就帶出豆皮的淡淡甜味。曾媽媽又問我要不要喝豆漿、吃豆花，我猛點頭，豆漿豆花的味道很香濃，曾媽媽說，每天產量很有限，各家民宿都是事先預約才有。

散發豆香，帶著淡淡甜味的煎豆皮。

戴著老花眼鏡的曾伯伯也走過來聊天，我問曾伯伯是哪裡人？因為池上的居民以客家人與阿美族為主，幾乎都是從外地移居來此打拚，我聽出他們的客家口音，很好奇他們的故事。老家在苗栗的曾伯伯，聽到我的問題，霎時陷入回憶中，故鄉的田在八七水災時被洪水淹沒，原本從事照相工作的曾伯伯，只得跟著祖父與父親離鄉背井，到東部另謀生計，他們落腳池上，開始養豬、種田，也從家鄉帶來製作豆包、豆皮的手藝，以此維生。他輕嘆口氣，「我以前很喜歡照相，但已經很久很久沒照相了。」突然發覺，我剛吃下的香嫩豆皮，清香中包裹著曾家四十年的滄桑歲月。

早晨的池上菜市場也很熱鬧，市場小小的，許多菜販都坐著聊天。旁邊有家早餐店，在地朋友推薦他們的飯糰，老闆叫陳仔，我點了一個飯糰，陳仔從冒著熱氣的木桶盛飯出來，放入肉鬆、酸菜與油條，再用一層飯輕輕蓋上去，沒有大力揉捏，鬆鬆彭阿公肚臍柑。

陳仔飯糰。

四處賣菜的阿婆。

軟軟的，呈現米粒的層次與嚼勁。池上米做的飯糰，即使配料很平凡，光是米飯香就讓我驚豔感動。

陳仔是雲林虎尾人，十來歲隨家人移民池上，長大後一開始從事營建工作，娶了來自新竹香山客家籍的太太，想要穩定下來，才選擇開早餐店。他們開業三十多年，每天下午四點切菜、配料，晚上九點先將池上米浸泡六小時，清晨三點半起床準備，四點半再用大火將糯米飯蒸熟，五點半準時開店。

菜市場還有一個賣碗粿、麻糬的阿婆，自製的碗粿看似普通，但用的是池上米，菜脯是自己醃自己炒的，加入一點醬油，口感很扎實飽滿。麻糬、九層粿也是她親手做的，都是用池上米，每天只做固定的量，晚來就買不到。

碗粿阿婆隔壁是一個賣肚臍柑、九十歲的彭阿公，他親切招呼我，不斷切肚臍柑、百香果讓我試吃，味道不是一般市面上沒個性的甜，而是酸中帶點微甜，滋味清爽。來自新竹北埔的彭阿公身體清癯硬朗，笑容滿面，每天推著木板車載他種的有機水果來賣，會講日語的他，本身就是一個故事。年輕時被日本徵兵去南洋打仗，九死一生後返回台灣，不知道能在家鄉做什麼，決定去東部闖天下，最後就留在池上務農、賣保險、開雜貨小店。退休之後也沒閒著，轉做有機栽培，種的水果半買半送，真誠與鄉親分享。

他也是作家劉克襄到池上旅行時邂逅的朋友，劉克襄寫了一篇文章〈最後的日本兵〉，就是寫彭阿公的故事，他還在一篇〈遇見一個美好的小鎮〉、描寫池上的文章中，說種柑橘的彭阿公因為生活愜意，賣果物只為了快樂，「這就是池上人，有夢想在支持的小鎮。」

用池上米做的陳仔飯糰（上）與市場碗粿（下），平凡的外表下嚐得到米粒的層次與飽滿的口感。

新開園，新天地，夢幻米

不論是「新開園」，還是帶著日本風格的「池上」，都代表這塊土地年輕多元的活力。

以產「米王」著稱的萬安社區。

這個夢想小鎮，最早的名字叫新開園，不斷牽引各族群來此築夢。清代道光年間，從台南玉井盆地遷移到高雄甲仙、六龜的大武壟平埔族，部分族人再沿荖濃溪流域溯溪而上，翻越中央山脈，深入布農族的勢力範圍，一路上得防範強悍的布農族襲擊，或是請他們協助引路，最後沿著新武呂溪抵達池上，開始經營這個新開墾的園地。

另一支築夢隊伍則沿海而上。光緒年間，一八七五年左右，住在恆春半島的恆春阿美族，長期受到排灣族、漢人的排擠壓力，各個家族也決定北上找尋新天地。他們沿著東海岸而行，先到台東、鹿野，發現耕地已被開發，又有布農族的威脅，最後來到池上。他們看到大坡池這個天然的內陸湖，經常氾濫淹水，土地鬆軟，適合耕種，池內魚蝦充足，又有海岸山脈與中央山脈環繞，是個打獵捕撈的理想環境，決定不再漂泊。一直到日治時期，恆春阿美族仍陸續遷移池上，他們與平埔族和諧相處，一起拓墾新開園，也共同防範中央山脈布農族的襲擊。

日治時期，許多西部桃竹苗客家人也往東部發展，尤其當一九二六年東線鐵路全線通車之後，讓西部移民更便利的移動。不少北部客家人從基隆、蘇澳搭船到花蓮，在花蓮縱谷從事樟腦墾殖，等到樟樹砍伐殆盡，土地開發飽和，再沿縱谷南下，在池上、關山與鹿野落腳。像池上萬安有個魏家庄，就是一九三二年新竹人魏阿鼎帶領兄弟來到池上建立的聚落。一九五九年西部發生八七水災，受災戶高達三十萬人，土地流失了三萬多公頃，加重災民往東部移動的推力，池上這時再度吸納不少西部移民。

不論是「新開園」，還是在大坡池之上、帶著日本風格的「池上」，都代表這塊土地年輕多元的活力。從地理上來說，這裡原本就是充滿變動之處。花東縱谷是歐亞大陸板塊與菲律賓海板塊交會擠壓陷落的峽谷，又隆起了中央山脈與海岸山脈，池上就位在兩座大山，以及秀姑巒溪與卑南溪兩條大溪之間，加上有個每年會位移三公分的斷層帶，被地質學家稱為是全世界移動速度最快的活動層，斷層帶的凹陷處，吸納新武呂溪沖積扇的湧泉，附近溪水的匯聚，以及周圍農田排水的注入，形成大坡池這個斷層湖，也成為秀姑巒溪的源頭之一。

池上日晒少，晝夜溫差大，有海岸山脈沖積下的黏土，加上高山環繞，雲霧不斷，水氣飽滿，水質乾淨，讓池上稻米擁有絕佳的先天優勢。像池上最早開發、緊靠著海岸山脈的萬安社區，就連續出現三屆全國稻米品質競賽冠軍，擁有三個米王。

因為斷層影響，容易有地震，花東鐵路避開了原本平埔族與阿美族聚集的老村落，讓池上平原成為花東縱谷唯一沒有被鐵路切過之地，加上農民堅持不裝電線桿與路燈，防止稻子夜間受燈光影響，無法正常生長，三百公頃的稻田，除了小房子、土地公廟之外，沒有任何遮蔽物，維持壯闊景觀。而且池上位在縱谷最高點，居高臨下，稻田層層疊疊如浪起伏，綠浪、金浪、水鏡映天季節輪替的池上風景，成為東部絕景。

天時地利加人和，讓池上成為台灣少數打出品牌名號的鄉鎮，池上飯包、池上米都擁有全國高知名度。一九四〇年代，池上是花東鐵路的中繼站，旅人到此都已飢腸轆轆，來自台北三重埔的移民李阿媽，以月桃葉包裹飯糰賣給旅客，裡頭有滷肉、黃菜頭、豬肝、炸蝦餅與梅子，成為旅人的最愛，池上飯包也帶動池上米的知名度。

但是後來全台各地都賣池上米，有上百種仿冒品牌，真正的池上米卻沒在市場銷售，池上全鄉開始對抗仿冒品，糧商自己進行稻米分級收購與比賽，透過地方農民的集體力量，促使農會與鄉公所加入合作，讓池上米於二〇〇三年底成為台灣唯一經過公部門檢測認證的地區標章，甚至已經外銷日本。

池上米就是有自信，蘊涵土地的精華，縱谷的風雨與農人的辛勤，難怪池上農夫說，他們去西部吃飯都不習慣，還想帶米去旅行，請餐廳煮池上米來吃，因為光吃飯就很香甜。

新移民，新故鄉，真滋味

真實又夢幻的在地食材組合，
讓旅人嚐到池上的真滋味，每口都是感動的滿足。

秋菊一手催生了用池上米與在地食材組合而成的「秋菊便當」。

池上人不高聲談夢想，卻充滿自信與行動力。但是之前我一直有個疑問，多家池上便當店的飯粒稍乾硬，食材也不在地，看不出地方特色，高品質的池上米，這個嬌媚可口的女主角，怎麼可以沒有男主角與其他好配角來搭配呢？如何藉由池上便當來了解池上風土？

秋菊幫我解答這個疑問。秋菊是國中校護，也是地方導覽解說員，有一次她去便當店接旅客，發現客人們拿著沒吃完的便當走出來，他們反應沒有什麼青菜，肉太油膩，要帶回去餵狗，重視健康的她，決定要幫旅客設計營養又在地的池上便當。

除了池上米，秋菊還選用池上的南瓜、茄子、龍鬚菜與大池豆皮，還有養在山上，吃玉米、青菜與鳳梨的放山雞，與放山雞蛋做的荷包蛋，加上鄰鎮的關山豬，再請自助餐店以少油少鹽來烹調，最後配上一顆開胃的池上酸梅。這個真實又夢幻的組合，能讓旅人嚐到池上的真滋味。她接待旅客都會先預訂特製池上便當，連客人要去花蓮富里開會，還會請秋菊訂便當送過去。

有一次，我邀幾個朋友來池上玩，請秋菊幫忙訂池上便當，略微疲憊的旅人，猛盯著便當盒蓋瞧，不知道裡面到底是什麼模樣？我先請秋菊講解夢幻便當的起源，說完之後，我說「開動」，飢腸轆轆的旅人們急忙打開便當，「哇哇！」的驚訝聲此起彼落，有人拍照，有人大口咀嚼，每口都是感動的滿足。

秋菊是嘉義人，調來池上工作，協助處理學校的營養午餐，竟發現煮過的油都胡亂傾倒，她制止後，尋思如何解決廢油問題，發現原來廢油可以做皂，她開始學習做皂，有了心得，決定創業，加入在地元素，例如米、蜂蜜，東部才有的羅氏鹽膚木花粉，她會教旅人手工做皂，甚至還採大坡池的荷葉，教旅人包飯糰。從廢油到便當，秋菊不只是學校護士，還是一個用便當與香皂說故事的人。

還有一個朋友是返鄉創業的彭明通。父親是平埔族，母親是阿美族，原本是運動高手，打拳擊與網球，曾入選漢城奧運拳擊儲訓隊，還是服裝設計師，因為忙於事業，身體出現問題，決定結束事業返鄉。他喜歡蠟染的藝術創作，又喜歡喝咖啡，就在老家附近一九七縣道四點五公里處的老平房，用藝術品、石頭與花草，打造一間4.5咖啡館。

做蠟染的彭明通。

彭明通身材高大，黝黑俊秀，留長髮，總是用蠟染頭巾包得密密實實的。他常常不在家，都會在吧台邊畫下煮咖啡流程，客人可以自己磨豆煮咖啡，但可愛的客人怕錢會遭人拿走，總是藏在吧台各角落，但彭明通常常忘了錢放在哪裡。

老房子的角落，有一處放著搖椅，旁邊堆着木頭，還有石頭堆砌的爐子，吊著一個大茶壺，柴火燒的是普洱茶，總是繚繞著白煙，客人喜歡在此發呆沉思與聊天。喝咖啡是為了交朋友，藝術創作才是他的生命。他喜歡用「回」的古字作為藝術圖飾，除了回家，還是彼此綿綿不絕、生生不息的意思。我好奇打拳跟藝術創作如何合一，他說，打拳看似流汗激動，其實內心很平靜，畫蠟染看似平靜，內心卻很激動，需要耗竭心力。

色彩繽紛，爽口開胃的什錦沙拉。

除了特地搜羅的台東在地咖啡，吃素的彭明通有幾道精彩料理，像加入各種在地野菜的湯麵，以及淋上南瓜打成的醬汁、擺入各樣鮮豔水果的什錦沙拉。咖啡館二樓屋頂走上去，背對海岸山脈，眼前是遼闊的中央山脈與池上平原，有一次我看到雲瀑就從海岸山脈悄悄地爬過來，慢慢瀰漫，海岸山脈瞬間白了頭。這裡還有一項夜間活動，在二樓看星星，配上夜間才有的小米酒咖啡，那是屬於阿美族靈魂的騷動夜晚。

在產米王的萬安社區，我遇到農夫阿翔，每天穿著破破的T恤，不是帶鐮刀下田，就是抱著女兒開怪手整地。來自台北大稻埕、身形高壯的他戴副斯文眼鏡，原本是修飛機的工程師，但不喜歡處處受侷限，轉去餐廳工作，最後變成歐式料理主廚，人稱翔師傅。因為在廚房吸入過多油煙，身體不適，決定離職，帶妻女環島旅行，在池上拜訪朋友時，無意間發現這裡的空氣清新，讓他鬱積的肺不藥而癒，便決定留在池上，剛好萬安國小還有一個名額，立刻就幫女兒辦轉學。

一開始他租了三分地學種田，每天早上出門，卻發現農夫正要回家，被農夫取笑到底是上班還是下班？才知道聰明的農夫都是半夜三點工作，才不會太熱。菜鳥的他，常得半夜帶鐮刀巡田水，否則都會被別人截斷，不武裝自己，就會被欺負。他第一次種稻子，收成時激動不已，因為產量少，無法使用烘乾機，他就自己晒穀子，還要定時翻穀子，日正當中，累得流鼻血，還差點昏倒。從餐桌到產地的體驗，讓他對食物有更深的體悟。

七月初，剛收割完，準備進行二次稻作，插秧前，農人得先去苗圃買秧苗。清晨六點我與阿翔、他女兒一起去苗圃捲秧苗，綠油油的秧苗像小麥草，感覺很可口，我們將一塊塊如地毯般的秧苗捲起，扛上貨車，送到田裡準備插秧。田裡的插秧機將一片片秧苗植入水田中，好像站滿綠

台北來的農夫阿翔，正在搬運一捲捲的綠色秧苗。

色小兵，阿翔跟女兒站在田埂認真觀看，彷彿祈求秧苗順利長大，這對黝黑的父女看起來已不像台北客，而是道道地地的池上農。

阿翔與女兒。

阿翔的精彩手藝也沒閒著。他在大家族長大，經常在廚房看長輩做料理、辦酒席，喜歡一家人聚在一起吃飯的氣氛，他常邀朋友來池上家裡吃飯，熬了雞湯，要我舀出雞油，淋在白米飯上，去品嚐米飯單純的滋味。或是用豬胛心肉、絞肉，以及含皮的豬油渣，熬煮成肉燥，要我細細感受肉燥與米飯融合的口感。

阿翔在門口烤肉，我們則坐在田邊欄杆上吃肉吹風喝啤酒，一直鼓勵他開個特別的餐廳。有一次我帶幾個朋友來找阿翔，跟他預約晚餐，大家看到阿翔開怪手的模樣，家裡外觀很凌亂，懷疑這就是傳說中的大廚嗎？晚上來到阿翔家，由於沒路燈，馬路上暗暗的，大家沒什麼安全感，我打開大門，裡面是一張大長桌，空間很乾淨，餐具酒杯擺得整整齊齊，微黃燈光充滿歐式餐廳的優雅氣氛，大家「哇」的一聲，霎時都餓了。

那晚，吃烤牛肉、豬肉、雞油白米飯、帕馬森起司松露燉飯，喝著雞湯，吹山風，聞稻香，笑聲盪漾，阿翔廚藝如春風，安撫了眾人的胃。

沒多久，阿翔就在家裡開了慢食家家宴餐廳，用他種的米、左鄰右舍的食材，以款待家人朋友的心情，一天只接一組預約客人。我來吃他的新菜，完全都以米食為核心，第一道和風芥末醬淋過貓，第二道可樂丸子，是香酥米粒包裹馬鈴薯與豬肉的可樂餅，接著是用梅汁與豆瓣醬炒的龍鬚菜，再來是利用隔夜飯，加上培根、在地蘆筍與初鹿牧場鮮奶，用果汁機打細再熬煮的米濃湯。

阿翔主菜是米飯，叫做米飯三部曲，先吃白米飯，再淋滷肉拌飯，接著吃燉飯。燉飯是先用烤箱將米飯烤半熟，加入鮮奶油，番茄、帕馬森起司與洋蔥，用橄欖油一起拌炒，再放入雞高湯與飯一起燉煮，讓米飯吸飽高湯的香氣，口感粒粒分明，毫不含糊。阿翔的烤肉也很細膩，叫殺千刀的豬排，他會用針不斷刺穿豬肉的筋膜，來來回回上千次，只為了讓口感更加鬆軟不乾澀。

在廚房的阿翔，總是挺著圓肚、手叉腰，自在悠閒的料理食材，在餐桌上，又侃侃而談食材、土地跟生活。他希望池上米就是讓人珍惜的奢侈品，大家好好吃飯，農夫才會認真種米。萬安社區除了出米王，現在還有一個廚王了。

阿翔的家宴料理，由上至下為可樂丸子、燉飯、米濃湯。

背離大海的恆春阿美

像是聚寶盆的菜吃也吃不完，
眼前繽紛熱鬧的阿美族餐桌，就是一道道池上的山川風土。

除了新移民，在地客家人之外，池上阿美族更是開墾池上的先驅（像萬安米王林龍山、林龍星，都具有阿美族血統）。我去拜訪大埔村的阿美族望族高家，因為聽說知名的日本人類學家馬淵東一骨灰就葬在高家家墓，在台十八年的馬淵東一，他的人類學研究影響台灣原住民研究甚深，甚至連過世的金融家、原住民研究者林克孝，他撰寫的《找路》書裡也提到，聽說馬淵東一骨灰葬在台東某處，他很好奇究竟埋在何方？

接待我的高媽媽，提到馬淵東一，就像提到家人般熟識親切，她帶我去墓園走走，高媽媽指著馬淵東一的墓碑，上面寫著馬耳東風，意思是不值得一提。馬淵東一個性很幽默風趣，一九八八年過世前提醒家人，要把他部分的骨灰葬在台東池上高家家墓，也留下馬耳東風這句話做為墓誌銘。

高媽媽解釋，馬淵東一在台東進行高山原住民的田野調查時，常會路過池上，一九三九年，無意間認識她的伯父高邦光，高邦光是國校老師，學識淵博，日語嫻熟，經常陪馬淵東一去中央山脈各部落訪察。每次馬淵東一從台北到台東，會先住在

馬淵東一之墓。

池上高家，做研究、整理資料，再進入高山部落。

這個跨國的友誼一直延續到現在，馬淵東一的兒子馬淵悟，也是一位人類學家，經常帶研究生來池上，有時也有日本人來參拜馬淵東一的墓。高媽媽突然指地上的一個小石塊，骨灰其實埋在石塊下，因為擔心有人破壞他的墳墓，才做了一個假墓碑。

看完墓碑，解了心中疑惑，高媽媽問我，等一下有個社區阿公阿媽練舞時間，邀我來看看，我心想老人跳舞有什麼好看？但不好意思推辭。只見一大群老人坐著聊天，笑稱自己是千歲人瑞團，一會兒，一個綽號「舞棍」，很會種田、又會唱歌跳舞的胖阿婆，坐在椅子上，氣定神閒邊搖扇子邊引吭高歌，聲音清脆嘹亮，眾人立刻手牽著手，跟著擺動吟唱，我感動到雞皮疙瘩全部豎起來。一名白髮老人帶領大家舞動，歌聲越來越激昂，眾人輕緩舞步也跟著激烈起來，忽快忽慢，忽強忽弱，很有節奏感。十分鐘的舞蹈，眾人大汗淋漓，我內心還激動地撲撲跳，這群素人的能量讓我震撼不已。高媽

熱情的阿美族千歲人瑞團。（吳致遠提供）

媽說，歌曲是談恆春阿美族如何從恆春遷來池上，在大坡池看到豐富的魚蝦與沃田，決定停留的故事。

隔週，在一個頭目家的庭院舉辦晚宴，桌上擺滿各種食物，除了傳統阿美族的醃豬肉、竹筒糯米飯、炒田螺，還有各種野菜、藤心排骨湯、炸溪魚、白斬雞；以及將南瓜跟地瓜蒸熟、拌在一起再去油炸，口味很香甜的食物，還有用竹筒煮的牛肉湯，將近三十道菜。桌上的菜像是聚寶盆，越吃越多，吃也吃不完，長輩還怕我餓著了，頻頻詢問要不要再加菜？我不斷暢飲小米酒，一直被長輩拉起來跳舞，他們看似年紀大，卻像年輕人充滿熱情活力。

最後一道菜讓我最難忘，這是阿美族的石頭火鍋，是長輩去溪裡抓的魚蝦螃蟹，放在鐵鍋中，再丟入烤得滾燙的石頭，瞬間轟的一聲，冒出濃濃的蒸汽煙霧，魚蝦螃蟹沒多久就熟了。我已經忘了到底好不好吃，但是那轟然一聲的氣勢，粗獷生猛的氣息，就已經炸開我的味蕾與想像。

上：月桃葉包麻糬。
下：炸南瓜與地瓜。

即使這群長輩在豐饒的池上已定居好幾代，仍沒忘記島嶼南方的老家，他們曾返回恆春舊部落尋根，家鄉還有族人居住，但已不太會說阿美族的語言，反而能講流利的排灣語跟閩南語，因為已被強勢族群同化，找不回自己的母語了。一位躺在床上的年長族人不斷流淚，喃喃訴說殘留的回憶。

突然發覺，眼前繽紛熱鬧的阿美族餐桌，就是一道道池上的山川風土，他們震撼的歌舞，彷彿是當年帶著孤絕毅力的先祖，牽著老父老母，揹著孩子，一路尋尋覓覓，抵達池上之後，內心湧現的歡呼喜悅。

背離了大海，卻遇到永遠的夢土。

如果你想品味池上人的餐桌

- **大池豆皮店** 台東縣池上鄉大埔村大埔路39-2號 (089)862392（現在已有供應早餐）
- **陳仔豆漿店** 台東縣池上鄉新生路98號
- **秋菊皂坊** 台東縣池上鄉仁愛路191號 (089)861172
- **池上鄉解說員協會** 可以找他們進行導覽解說或行程規劃（當然還有特製池上便當）(089)865340
- **4.5公里咖啡** 台東縣池上鄉富興村3鄰33號 (089)863693
- **王群翔慢食家宴** 台東縣池上鄉萬安村萬安1-9號 0935284305（現在翔師傅也定期到台南開設私廚家宴，進行台東與台南兩地的食材對話） 臉書粉絲頁：王群翔慢食家宴

海端與延平人的餐桌故事

驕傲的內本鹿之歌

我走進山腳下的雜貨店，買一包檳榔與一瓶米酒，和幾個朋友開車上山，一路蜿蜒，路越來越小，越來越陡，有時會出現讓人迷惘的岔路，幾番嘗試，最後都無路可走，鸞山森林博物館到底在何方？連個指示牌都沒有，最後只剩一條狹隘的石子路，儘管充滿疑惑，只能勇往直前。

一路顛簸一路驚疑，沒想到經過兩棵大樹後，路況頓時豁然開朗。前方不遠處有個戴迷彩帽、左手握腰刀，右手對我們打招呼的矮壯中年人。

「入口在每個人心中，只要你慢慢找，一定找得到，」他是阿力曼、鸞山森林博物館的主人，似乎早已習慣旅人的疑惑。

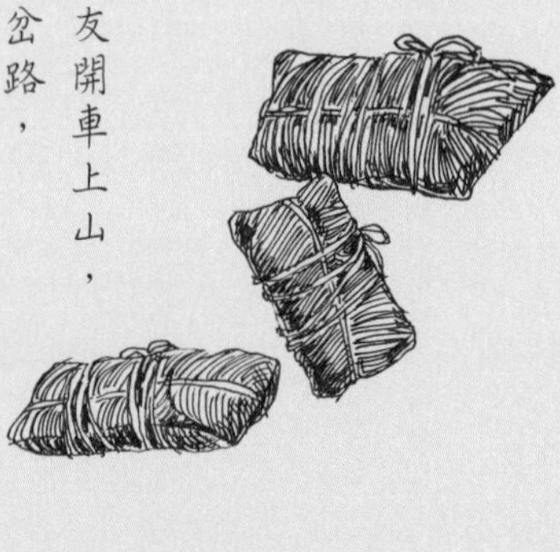

海端與延平人
的餐桌故事

我們圍著炭火邊聊天邊烤肉，喝著阿力曼說的獵人舒跑，這是以土肉桂、甘蔗與老薑熬煮的茶，淡淡的甜，配上薑的辣香，讓布農族在山中狩獵時能解渴、提振精神。

獵人的舒跑，會行走的樹

這裡沒有雄偉建築或一般博物館該有的規格，卻是充滿驚奇的地方。台東都蘭山上的延平鄉鸞山部落，布農人稱之為「Sazasa」，意思是甘蔗長得高、動物活躍、人活得很好的地方。

白榕森林的土質很黏，孕育一切生命。

阿力曼領著我們走入森林，這一大片、約有兩百棵以上、長滿氣根的白榕，彼此連綿不絕，每個碩大無比的氣根有如樹幹那麼粗大，陽光只能透過相連枝椏的縫隙微微探頭。這裡的場景有點像電影《魔戒》，甚至是《阿凡達》裡潘朵拉星球的蓊鬱森林，充滿祕密，跟時間一樣古老。

一開始從海拔一、兩千公尺遷移來此的布農族長輩們，過去在深山家鄉看到的，都是高海拔直立挺拔的針葉林，初來乍到都蘭山三百公尺的低海拔區域，很訝異白榕好像都長了腳，或是拄著拐杖，以為是從山上走下來的樹人，這一帶就被稱為「會走路的樹」。阿力曼要我們進入森林之後，全程保持安靜，他也不用麥克風破壞環境，但

會走路的樹。

聲音洪亮的他，在靜謐的林中，反而分外溫柔。他突然大吼一聲，震懾住我們，原來是模仿山羌的叫聲，又彎腰拾起泥土，說這裡的土質很黏，孕育一切的生命。

走出白榕森林，來到布農族傳統茅草屋，族人用竹子刺穿事先以糯米酒、馬告（山胡椒）醃過的山豬肉，我們再圍著炭火邊聊天邊烤肉，喝著阿力曼說的獵人舒跑，這是以土肉桂、甘蔗與老薑熬煮的茶，淡淡的甜，配上薑的辣香，讓布農族在山中狩獵時能解渴、提振精神。茅草屋裡懸掛香蕉，餓了可以摘來吃，透過十多分鐘的燻烤，山豬肉已經冒出油滋滋的聲響與香味，肉質很嫩，淡淡的馬告清香，也許這就是獵人夢寐以求的滋味。

獵人舒跑。

我們走進另一處以茅草、木頭搭建的亭子，這是布農族祖靈屋，裡面擺放各種動物的頭骨，我們把檳榔放在大石頭上，米酒倒在石上的三個竹杯裡。阿力曼說布農族進森林前，都會先跟山神溝通致敬，米酒與檳榔就是入山打招呼的信用卡。他帶領大家跟山神打招呼，希望祂同意我們進入森林，並祝福旅人健康平安。

離開祖靈屋，就進入森林博物館的核心地帶。一開始就是一個大陡坡，得抓著繩子、穩住重心，一步一步向上走，接著鑽入一個稱為一線天的巨石縫隙中，阿力曼打趣說，如果是大胖子，可能得抹豬油才過得去。又是一個向下陡坡，也得抓住繩子一步一步移動，以免直接翻滾落山。時而彎腰，時而爬行，鑽過獵人躲雨的小洞，最後來到一棵兩層樓高的大樹前，樹根盤結在長滿青苔的岩塊上，仰頭看，陽光耀眼，樹身格外巨大。阿力曼讀國小的孫子帶頭示範，像猴子般一溜煙輕盈直上，我也抓著樹根迅速攀爬，一下子就登上樹幹。站在樹上往下瞧，人影渺小，往外看，一望無際的綠叢，迎涼風感受大汗淋漓後的暢快。面貌清秀的小孫子提醒我還有路程要走，繼續爬下樹的另一端，走出森林後，看到祖靈屋，才發現四十分鐘的行程，也只繞了森林一小圈，卻是讓人難忘的生命之旅。

看著遠方的中央山脈、眼下的縱谷平原與鹿野溪，阿力曼訴說十多年前成立森林博物館的故事。這個與世隔絕的山林，曾被漢人收購，計劃砍掉

圍著炭火烤著用糯米酒與馬告醃過的山豬肉。

一把山刀，如果沒獵過山豬，分享給族人，就只是一塊鐵。

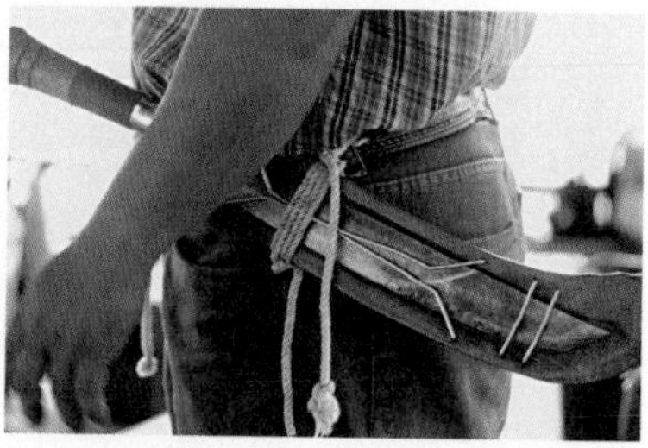

森林，大興土木蓋靈骨塔，不少族人收下訂金，決定將土地賣給開發商，阿力曼為了保衛森林，不惜四處遊說，跟銀行貸款、買下整座森林，雖然一身債務，又有族人懷疑他的動機，但阿力曼用行動證明他對森林之愛，成立一個沒有圍牆、沒有大門、沒有屋頂、沒有電力的森林博物館。這裡有八甲的土地，但只開放一甲地，沒有太多人工斧鑿，僅用簡單繩索輔助，讓旅人能自然親近，用身體與汗水認識這座森林。

儘管沒有對外行銷宣傳，交通不方便，又要事先預約，層層規範限制，卻吸引更多有心人前往，目前已有六十多個國家、十多萬人次來這裡爬樹鑽洞認識森林。「森林是我們的銀行，利息就用不完了，靠利息就能幫我們部落生存下去，」阿力曼說過去的觀光方式讓原住民脫光光，只是為了迎合外界，像動物園的猴子供人觀賞，惟有建立主體性與尊嚴，才能建立部落自信。

阿力曼本人就是一則傳奇，他是歷史碩士，做過記者、國會助理，獵過山豬，比著自己的矮壯身形說，布農族男人腿要短要粗才是真男人，身高超過一百七十公分就是不合格，因為

阿力曼本身就是一個傳奇。

在山裡狩獵要跑得快，個子矮才不會被樹幹打到。我問阿力曼這個名字的意思，他說就是排行第二，我以為他是頭目，他笑著說這裡沒有頭目，只有漂流木，頭目沒有權力，只有協調和分享，榮譽和責任。他拿出腰刀，正色地說，如果這把刀沒有獵過山豬，將豬肉分享給族人，就只是一塊鐵，沒有榮譽與價值。

他提到，曾經有一個企業家，為了讓香港客人有難忘的體驗，從飯店運來桌椅、鋪上白色桌布，準備高腳杯，將小米酒與氣泡礦泉水做成原住民香檳調酒，讓貴客驚喜連連。他不滿地說，這裡的石頭與漂流木桌，不需要白布掩蓋，獵人舒跑就是飲料，來這裡就是單純感受布農族的生活，不用刻意複製城市的經驗來取悅客人。

月桃葉當碗，盛著地瓜白米飯。

阿力曼強烈的自主意識，妙語如珠的哲學，讓人印象深刻，每次我來找他，都能從隻字片語中咀嚼出生命的智慧。中午我們一起吃他命名的「媽媽感動的菜」。茅草屋有兩個大灶，兩個布農媽媽各自料理菜色，菜色很簡單，都來自部落的菜園或是山上的野菜，不同食材相

布農媽媽豐盛的家常料理，上左到右：泡麵炒龍葵、烤肉、金針筍炒肉絲；下左到右：九層塔炒茄子、蘋果炒山蘇、野菜天婦羅。

互搭配，就會產生不同的滋味，例如以月桃葉當碗，盛著地瓜白米飯，加上泡麵炒龍葵、野菜天婦羅、金針筍炒肉絲、九層塔炒茄子、蘋果炒山蘇，鳳梨炒苦瓜，搭配出來的口感令人驚奇竟那麼對味。當然不能錯過的是烤豬肉，放著一大塊未切豬肉的容器很有趣，是竹筒劈開的內槽，流出的肉汁與油就留在凹槽中，還可以倒出來使用，也不會弄髒桌面。爬過樹、鑽過洞，流失的體力特別容易餓，每樣菜都刺激食欲，沒多久，飯菜幾乎吃光光。

飯後的活動就是搗南瓜麻糬，兩人輪流用大木杵搗著糯米，越搗越黏稠，越來越化不開，搗了十多分鐘，力氣已用盡，木杵與麻糬幾乎已經相連，無法再拉扯，但是也慢慢冒出熱氣與香味，阿力曼用繩子將一大塊厚厚的麻糬從木杵上刮下來，再沾上花生粉，用木叉分成一塊一塊，又熱又Q又香，自己搗的麻糬特別有味道。

鸞山部落是布農族分布最東最南的部落，由於布農族都住在中央山脈，這裡是唯一在海岸山脈的布農族。我很好奇，怎麼會遠離中央山脈來到此地？從地圖來看，鸞山部落的位置應該屬於鹿野，但行政區劃上卻歸屬並不相鄰的延平鄉，這在地理學上稱為飛地——一個區域內某塊土地屬於其他區域。一種說法當然是延平鄉屬於原住民鄉，鹿野鄉則是個族群混雜的鄉鎮，但鸞山部落怎麼會孤立在鹿野鄉，令我不解。

阿力曼看著鹿野溪說，河有記憶，想念的時候，會走回家的路。他好幾次提到回家，要回到哪裡？他提到了內本鹿，他們的老家。

內本鹿，台灣歷史的窗口

內本鹿，一個謎樣的區域，主要在台東縣海端與延平兩鄉境內，西邊與高雄茂林、屏東霧台接壤，位於卑南溪上游，布農語意指屬於魯凱族的地方。

這裡族群混雜，曾經住著卡那卡那富族、鄒族達邦社、魯凱族萬山社與達魯瑪克社、卑南族泰山村與卑南族初鹿社。十九世紀中，布農族為了獵場與耕地，從花蓮翻山越嶺前來此地，一開始在利稻附近，遭遇組織嚴密、戒備森嚴的鄒族達邦社頑強對抗，強悍的布農族討不到便宜，一直等到其他持續南下的布農部落加入聯軍，達邦社又發生瘟疫，鄒族只得棄守撤退，退到阿里山。緊連達邦社、住在利稻與霧鹿的卡那卡那富族，失去盟友的協助，形成孤軍，無法對抗如潮水般從四面八方湧來的布農族戰士，部落內又發生瘧疾，死傷慘重，只得連夜越過卑南山，逃往荖濃溪中游，又一路被布農族截擊追殺，一直撤退到楠梓仙溪（現在的那瑪夏）。

取得領地的布農族，又繼續跟魯凱族、卑南族交戰，互相出草，死傷累累，最後透過聯姻結盟，弭平戰火，成為內本鹿的盟主，建立了十多個部落，這是擴張力強大的布農族，在台灣最南端的新據點，也是阿力曼祖父的新家。一八九五年之後，神出鬼沒又強悍的布農族，一直是日本警察的心腹大患，尤其是內本鹿區域，有三個布農族抗日英雄，拉瑪達星星、拉荷阿雷與阿里曼西肯兩兄弟各自盤踞山頭，當日本人強制繳械，不讓習慣狩獵的布農族擁有槍枝武器，更激起布農族的反抗之心，他們屢次出草襲擊日本警察，又揚長而去。

就連日本參謀本部陸地測量部，都無法深入內本鹿，使得一九二九年出版的台灣地圖，全台只留下內本鹿這塊空白區域無法征服。為了征服布農族，日本從一九二〇年代開始修築關山越嶺警備道，一端從六龜開鑿，另端從台東關山興建，更開一條通往內本鹿的道路，道路完成之後，隱匿在深山的布農族反抗軍就沒有天險可守，加上一九三〇年發生的賽德克族霧社事件，日本開始部署遷居布農族到山下集中管理的「集團移住」計劃。日本人一面砲擊，一面築路，一九三二年，內本鹿發生集體武裝抗日的「大關山」事件，拉瑪達星星一家人都被逮捕，拉荷阿雷與阿里曼西肯也在前幾年同意歸順，內本鹿才完全被日本人掌握。

許多被遷到現在延平鄉的布農部落無法適應，被強制學習種水稻、甘蔗，住了幾年之後，一九四一年，一位部落青年海樹兒不滿日本人的高壓政策，決定帶家人重返內本鹿，當時內本鹿還有一些族人居住，他們攻擊日本警察，砍斷吊橋，阻止敵人追擊，最後都

晨光中，圍繞霧鹿的山嵐仍未散去，沿著新武呂溪四處蜿蜒的南橫公路，曾是關山越嶺警備道的一部分。

被逮捕，日本人燒光內本鹿的部落家屋，全部強制遷移到都蘭山，遠離中央山脈與其他部落，隔絕在卑南族與漢人區域來嚴格看管。這也是鸞山部落位在鹿野鄉的區域，卻屬於延平鄉管轄的原因。

內本鹿，布農族回不去的家鄉，也是阿力曼的家族故事。人類學家黃應貴形容內本鹿是台灣歷史的窗口，了解台灣過去與未來的重要窗口。阿力曼不只成立鸞山森林博物館，也對族人長輩進行訪談，重建內本鹿的記憶，還數次與長輩重返荒煙蔓草中的內本鹿尋根。

阿力曼細數內本鹿各個部落的名稱，Mamahav是長很多野生小辣椒，Halimudun形容這裡是茂盛的森林。Masudaza是周圍很多楓樹的地方，Masuhuaz則為一個出產很多黃藤的部落。已逝的哥倫比亞大文豪馬奎斯在《百年孤寂》寫著：「這是一個嶄新的新天地，許多東西都還沒有命名，想要述說還得用手去指。」

小辣椒、森林、楓樹與黃藤，個個充滿內本鹿的詩意與故事。昔日縱橫山林、日本人聞之色變，排行第二的阿里曼西肯歸降在海端的崁頂部落，落寞終老，今日的阿力曼則在鸞山部落重建家園，一個擁有內本鹿靈魂的新天地。

崁頂部落，夜之森林

環境太安靜太舒服，跟白天揮汗爬樹的體會完全不同，夜晚的陌生與黑暗，更放大感官，對周遭的一草一木，蟲鳴獸叫的感受更細微靈敏。

日治時期，包括內本鹿在內的海端與延平這一大塊區域，都被稱為蕃地，隸屬於關山郡管轄，到了國民政府時代，行政區域再被劃分成海端與延平，但是海端鄉沒有海，只在海的遙遠那一端，沒有海音，只有布農的八部合音，就像延平鄉沒有延平郡王，這些地名與事實不符，充滿諷刺。阿力曼也打趣地說，布農族的土地被姓林的跟姓國的拿走了，一個是林務局，另個是國家公園。

海端是布農族發音的轉換，意思是三面環山，一面敞開的虎口地形。我的布農朋友邱大哥住在距離關山鎮很近的崁頂部落，崁頂這個名字是很閩南的發音，應該也不是布農族的原生聚落。

崁頂村是一九三一年阿里曼西肯歸降後，被日本人遷居建立的新聚落，拉瑪達星星被逮捕處決之後，族人也從深山被強制遷來此地，這裡離城鎮很近，更方便就近管理，因為位在關山上方，就稱為崁頂，日人強迫族人種水稻，改變他們吃小米與地瓜的習慣，又有漢人在此提煉樟腦，可以自由進出，布農文化受到衝擊，除了農耕，族人也會上山狩獵，然後到鎮上販售山產。

儘管因為跟漢人交往密切，表面上布農文化不怎麼彰顯，但是夜晚可不一樣，晚上九點，我們走在崁頂部落的森林裡，朋友用頭帶揹著藤編的籮筐，裡面裝滿地瓜與泡麵，白天體驗了鸞山部落的森林，晚上邱大哥帶我們認識另一種森林特色。

進入森林前，邱大哥依照布農族慣例，先用檳榔與米酒敬山神與祖靈，允許我們入山，也祈求一路平安。一路上沒有開手電筒，但眼睛已熟悉黑暗，還有淡淡月光，邱大哥剝下一些樹皮，讓我們咀嚼，舌尖充滿清涼，這是布農族的口香糖，一路上又摘了佛手瓜、龍葵，遠方可以看到城鎮的燈光，還有遠遠的狗吠聲。我有時刻意閉上眼睛，在黑暗中行走，此時只聽到自己的呼吸，還有行過草地的沙沙聲。

邱大哥說前方有飛鼠，我們停下來觀察，前方樹梢上，果然有一點乍隱乍現的紅光，

森林深處，黑夜中，一群人享用烤地瓜與野菜泡麵。

刨南瓜絲，好與稀飯一起熬煮。

左：佛手瓜、苦瓜與翼豆。

那是飛鼠躲在樹葉後的凝視。走到一處斜坡，邱大哥要我們坐下，閉上眼睛享受森林的靜謐。他聊起獵人在山林中的故事，如何跟蹤獵物，設下抓山豬的陷阱。我一度睡著了，因為環境太安靜太舒服，跟白天揮汗爬樹的體會完全不同，夜晚的陌生與黑暗，更放大感官，對周遭的一草一木，蟲鳴獸叫的感受更細微靈敏。我們走到一處坡地，卸下裝備，點火燒柴煮水，烤地瓜，將剛摘的野菜丟到鍋裡跟泡麵一起煮熟，一群人或蹲或坐或站，享用熱騰騰的宵夜。

一大早我走進廚房，看到邱大哥的朋友初美姐正在洗高麗菜，邱大哥則是賣力地刨著南瓜與佛手瓜，南瓜絲用來煮稀飯，佛手瓜絲要與紅蘿蔔一起清炒。沒多久，早餐上桌了，加入南瓜熬煮的稀飯有著淡淡南瓜香，清炒佛手瓜與紅蘿蔔，紅綠交錯很誘人，其中一大盤只用蒜頭與鹽炒出的高麗菜，有著清脆口感，傳達秋冬交錯的季節滋味。在平地很少吃到這麼有脆度、香氣濃郁的高麗菜，初美姐說，這些當令盛產的高麗菜來自海端更深處、海拔一千公尺的利稻部落。

利稻，好美麗的名字，讓我想到稻穗飽滿、土壤肥沃之地。我打算去探訪這個神祕的小村落，看看在地的高麗菜與稻穗。記得詩人落蒂在〈利稻〉這首詩作寫著：「是失落了什麼／來這裡尋找／只因你的名字／如同我家鄉子民／年年的期盼／讓我在這裡留連忘返」。也許，利稻有些值得讓人探尋的故事。

吃完早餐，要幫忙邱大哥整理菜園，我們戴著部落長輩用回收飲料鋁箔包盒子編成的帽子遮陽，開始拔雜草，拔了兩個小時，幫忙準備午餐。長輩教我們綁布農月桃粽，內餡是黑豆、紅豆、小米、糯米與香菇，再包上一層假酸漿葉，最後再以月桃葉包裹成粽子。一旁的炭火烤著肥豬肉，還得定時去翻面，讓裡外受熱均勻。我們也清洗野菜，包括翼豆、佛手瓜、山苦瓜與珠蔥，並將小米與糯米填入竹筒裡，與月桃粽一起用熱鍋蒸熟。

我們將烤熟的豬肉切成一小塊一小塊，邱大哥看不下去，拿走我們的菜刀，示範什麼是布農族的吃法，他將豬肉切成一大塊一大塊，綁上新鮮珠蔥，沾上鹽巴大口咬下，肉汁與鹽巴、辛辣的珠蔥交融，非常豪氣的感受。打開月桃粽，假酸漿清涼的味道，以及豐富的餡料，很有飽足感，小米竹筒飯也是部落在山上工作、打獵時帶的便當，米香中帶點淡淡的竹香，口感很扎實。

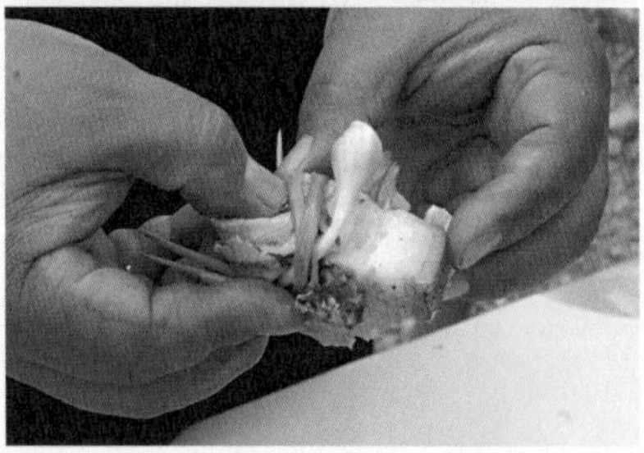

上：珠蔥。
下：珠蔥綁在豬肉上，沾鹽巴吃。

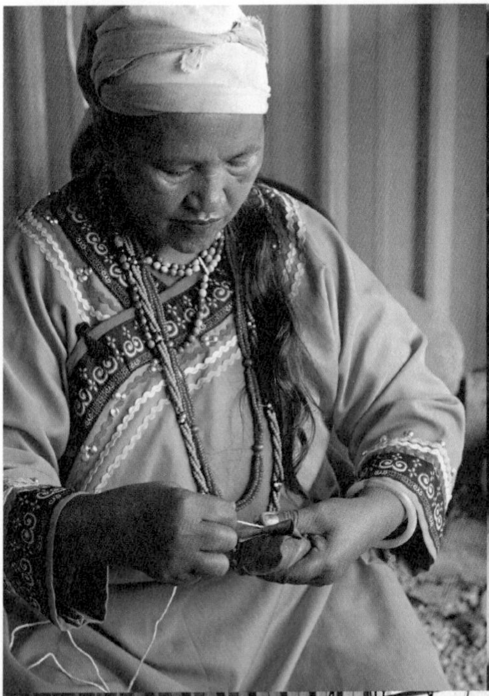

上：綁月桃粽。下：粗獷的廚房，一邊烤豬肉，一邊煮月桃粽。

利稻之道，陳大姐泡菜

有時候，也許是在這個小地方，遇到一個盛情款待的人，嚐到在地的真切滋味，才會特別難忘。泡菜是先生家鄉的記憶，也是南橫的記憶，還有大姐用青春年華釀造的故事。

吃飽了，決定前往利稻。我們一路蜿蜒，往南橫的方向前進。到了霧鹿村的天龍吊橋，新武呂溪在這裡切出一道S型、超過一千公尺高度的大峽谷，從這座連接峽谷的橋上向下望，崖壁陡直的霧鹿峽谷從眼前炸開，視覺頓時既幽深又開闊，湍急流水聲洶湧奔騰。霧鹿的名稱讓人著迷，一個說法是峽谷溫泉冒出的「BuluBulu」聲響，另一說法是這裡曾是沼澤地，過去曾有鹿群、動物在此飲水。

這座吊橋是一九二九年連接利稻到霧鹿的關山越嶺警備道的要道，日本警察為了管制布農族，蓋了這座吊橋，布農族的獵槍與山刀，終究敵不過日本人的大砲，最後只好屈辱投降。血染的時光早已灰飛煙滅，只有溪水與峽谷依舊傲立。

我在天龍吊橋邊遇到兩位優雅的日本婆婆，結伴來尋根。兩位的父親都是霧鹿駐在所的警察，她們在這裡出生，過去來此曾找到童年的布農族玩伴，由於父親曾調到池上工作，她們也去池上找尋當年的阿美族同伴，只是每次聯繫，總是傳出又有人過世的消息，也提到這次布農族的

利稻，一個遺世獨立的小聚落。

老友沒聯繫上，該不會是發生什麼事了吧？兩位老婆婆輕聲嘆息。

她們靜靜佇立在吊橋前一會兒，我說要以天龍吊橋為背景，幫她們照相，兩位老人家微笑道謝，拍完照，回頭看看吊橋，又對我含蓄的點頭致謝，望著兩人相互扶持的蒼老背影，我竟有熱淚盈眶的感覺，時代的悲劇，也是時代的記憶。

我們繼續前行，拐過好幾個彎，穿過幾個山頭，一路上看到只要有平坦地，就是種高麗菜。遠遠就看到利稻了，群山環繞下，靜靜躺在霧鹿溪上游的河階台地，遺世獨立，一排排整齊的菜田，像個綠色棋盤。

這裡是布農族海拔最高的部落。空氣特別清新，卻沒見到稻田。這是個美麗

野枇杷樹，是利稻地名的源頭。

的誤會，布農族朋友古志明帶我們去看真正的利稻，那是一棵野枇杷樹，布農語稱野枇杷為「立豆」。

原本利稻是二十多個家戶、分成十個聚落的地方，一九三二年日本人集團移住政策，強制布農族從高山遷下來，將各家族統一管理，利稻就成為三十個家戶集中的單一聚落，志明指著遠方山上的涼亭，那是一座砲台，利稻跟霧鹿一樣，除了有警察駐在所，還用大砲對準部落，防止布農族再度反抗。

我們跟志明在村落走走繞繞，陽光下，看到一大片特別翠綠耀眼的高麗菜田，有個牌子寫了高麗菜自行採收，四顆一百元。志明解釋，因為氣候的關係，天氣冷，平地也適合種高麗菜，供給過多造成價格滑落，利稻出產的高山高麗菜也沒有好價錢，農夫採收反而增加成本，不如放在田裡變成肥料，也開放讓人自行收割，便宜賣。我們一群人拿著鐮刀，開心的在田裡割高麗菜。每一顆都沉甸甸、厚實飽滿。

原本利稻的族人都是狩獵與種小米、吃地瓜，被日本人強制種稻米之後，生活作息都亂了，日本戰敗後，布農族就不再種稻。國民政府預計興建南橫，利稻人受僱工作，志明的父母親就負責揹炸藥跟水泥，從海端走到利稻，得走上一整天。後來部落開始種水梨、水蜜桃，但常被猴子吃掉，且生計不穩定。一九八〇年代，漢人來此種高麗菜，沒想到利稻的高麗菜特別

翠綠的高麗菜田，顆顆結實飽滿。

脆嫩，漢人開始跟族人租地，再僱用在地人種菜，慢慢改變利稻的經濟生態。

志明說布農族都是吃肉不吃菜，吃菜會沒力氣，曾有阿美族的朋友來這裡遊玩，看到滿山遍野的野菜，驚喜連連，志明不解，這些草有什麼好吃？那以後除草可以找阿美族來幫忙。我發現，低海拔的鸞山與崁頂的布農族，都會吃大量野菜與蔬菜，也許是長期跟平地人相處有關，高海拔的利稻，與世隔絕，相對維持較傳統的生活形態。

這個只有五百人口的利稻，因為高海拔的風土環境，以及從中央山脈湧出的新武呂溪孕育下，除了高麗菜之外，也盛產優質的高山茶、紅豆、愛玉與番茄。

利稻有一間看似不起眼的小店，叫陳大姐名產店。走進陳舊的店裡逛逛，大約六十歲、清瘦優雅的陳大姐是平地人，正看報紙打發時間，微笑說慢慢看。看到一幅于右任的墨寶，是落款給亞東先生，我充滿疑惑，這裡怎麼會有于右任的作品？

大姐說這是于右任送給她先生的禮物，原來大姐的先生劉亞東，在大陸時期是貴州警察局長，與于右任相識，來台灣之後，位階降低，就被派到阿里山當警員，他認識當時才十六歲，家裡開雜貨店、青春貌美的陳大姐，即使兩人差了三十多歲，他仍熱烈追求，甚至以半強迫的方式，把她從阿里山帶到台東知本，最後又請調到利稻派出所擔任主管，再把大姐帶到這個深山部落定居。

陳大姐一開始只是賣發粿與冬瓜茶供應給開拓南橫公路的工人，一九七二年南橫開由左至右：陳大姐處理愛玉子，酸甜沁涼的百香果愛玉，陳大姐親手醃的泡菜。

通後，承繼父親開雜貨店好客的個性，許多登山客與健行的遊客都會路過利稻，她就開了枕戈餐廳與待旦商店，賣臭豆腐、泡菜、香菇雞湯、紅豆湯與土產，成為南橫溫馨的熱食補給站。她也常常免費招待需要援助的年輕人，難怪店裡面留下許多旅人與大姐的合照，以及各大專院校社團頒發的感謝狀。

後來劉亞東退休擔任海端鄉鄉代主席多年，想要多賺點錢，卻屢屢投資失利，陳大姐就自己種菜，開大卡車去高雄賣菜。現在先生已過世多年，南橫因為八八風災的影響，封閉不開通，大姐的名產店也跟著蕭條寂寥。

看似清閒的陳大姐，可忙著呢，她請我們吃用利稻高麗菜釀造的泡菜，辣中帶著酸甜，滋味爽脆，另外還有一種加了糖與梅子醋、清爽開胃的泡菜。大姐說因為先生是四川人，愛吃辣，她特別學了醃泡菜的手藝，加上利稻高麗菜的口感，來滿足先生的鄉愁，沒想到廣受好評，也成為陳大姐的名產之一。另外，她從阿里山家鄉帶來、加了百香果的野生愛玉，也是不能錯過的甜點，大姐熬煮的飽滿碩大的利稻紅豆湯，寒冬中喝上一碗，溫暖在心頭。

有時候，也許是在這個小地方，遇到一個盛情款待的人，嚐到在地的真切滋味，才會特別難忘。泡菜是先生家鄉的記憶，也是南橫的記憶，還有大姐用青春年華釀造的故事。我們買了好幾甕泡菜，也扛著新鮮高麗菜回家。我母親說，台北就有便宜好吃的高麗菜，你這兩顆搭飛機的高麗菜，成本可真高啊。怎麼會貴呢？每一口都是難忘的利稻回憶。

流經利稻、崁頂部落的新武呂溪，鸞山部落的鹿野溪，都會匯聚成壯闊的台東第一大溪卑南溪。台東籍、在卑南溪畔長大的詩人夐虹曾寫過一首〈卑南溪〉，她形容卑南溪是一條黑黑的長歌、苦苦的悲歌與悠悠的歌。

走過山之巔，林之森，布農族人的卑南溪，是驕傲的內本鹿之歌。

如果你想品味海端與延平人的餐桌

鸞山森林博物館 需要事先預約，以email聯繫阿力曼 sazasa2003@yahoo.com.tw

崁頂達路汗民宿 匯聚部落十個店家，有住宿、餐飲與生態導覽行程
台東縣海端鄉崁頂村中福路1鄰13之15號 (089)813351或0911734158（找邱先生）

天龍飯店 可以住宿、泡湯，總經理張姐每天早晨六點半都有南橫導覽，飯店也有套裝行程，可去利稻各地
台東縣海端鄉霧鹿村1-1號 (089)935075

陳大姐名產 大姐的泡菜、花生糖與愛玉都有訂購宅配，因為南橫未恢復開通，名產店開放時間並不固定
台東縣海端鄉利稻村8號 (089)938037

日日常常的美好食光

鹽埕人
的餐桌故事

清晨六點半，菜市場人來人往，
有個年輕人一面出聲招呼客人，一面專注處理虱目魚，
他左手輕壓魚背，右手從腹部劃下一刀，反面再補一刀，
魚肚就與魚身分離。
旁邊坐著兩個女生用機器刮魚鱗，鱗片如華麗的銀白雪花，
在她們身旁飛舞迴旋。

還有個女生面無表情的負責切魚頭，刀起頭落；
有個阿婆手指如鉤，伸進失去肚腹的魚身用力滑到魚尾，
挖出整付鮮紅的魚腸魚肝；
男助手則蹲在地上仔細地整理瞪著空洞大眼的魚頭。

鹽埕人
的餐桌故事

虱目魚越早吃，越鮮美

一般人提到虱目魚，都會想到台南，高雄鹽埕的虱目魚料理跟台南是同中求異，有另一種飽足的滋味。

空氣中浮動著魚鮮氣味，往來客人駐足挑魚買魚，年輕老闆努力遊說著買包魚頭吧（因為魚頭很便宜，但吃的人不多）。嘈雜環境中，他們分工清楚，有條有理，毫不紊亂。年輕人的父親在高雄路竹養殖虱目魚已有三十多年歷史，每天半夜撈捕虱目魚，在魚塭現場就開始處理魚皮、魚肚、魚腸，五點前就直送到各個店家，方便店家料理。他們自己則是六點就到這個曾是河邊未墾地、俗稱大港埔市仔或新興市仔（高雄新興區南華路）的攤位賣魚，一天可賣上兩千斤虱目魚。

回到鹽埕區，沿五福四路轉進瀨南街，阿貴虱目魚這裡已有幾位阿伯在吃早點了，他們低頭邊啃魚頭，魚刺邊從口中

阿貴虱目魚。

大溝頂綜合米粉。

噴出，微瞇著眼，透露出自在滿足，我看這些虱目魚頭浸泡在布滿酸瓜的豆豉滷汁中，滋味想必香甜。點了魚皮湯與魚肚丸麵線，配一盤滷苦瓜。魚皮上抹了一層魚漿，咬起來柔軟卻有彈性，蘸蒜泥或摻了豆瓣醬的醬油，又有不同滋味，湯頭清爽，除了魚骨高湯，就是紅蔥頭與青蔥。魚肚丸也非印象中一顆圓圓的魚丸，而是飽滿粗線條的歪扭魚漿裹上魚肚，滿滿占據碗公，湯頭只有薑絲提味，加上淡淡的麵線，很有飽足感。

轉進五福四路另個小巷，這是陰暗的大溝頂市場，往裡頭走幾步，會發現一攤坐滿客人的無名虱目魚小店，霧氣瀰漫，因為工作人員得不斷打開鍋蓋舀湯，一掀蓋，熱氣蒸騰地冒出。吃碗綜合米粉，抹上魚漿的帶肉魚皮與魚肚漿，堆在碗中如座小山，粗大的米粉味道清淡，大把的芹菜珠，點綴著魚香，吃起來很過癮，配上清燙的魚腸，略帶點腥味，但ＱＱ的口感，沾點醬油也能開胃。如果嫌不夠飽足，再來一碗滷肉飯，高雄的滷肉飯就是一大塊肥肉，淋上醬汁，沒其他料，搭配虱目魚料理，也算稱職的配角。

這家小攤清晨五點半開張，就擠滿在地的識途老馬，雖然開到下午一點，但早晨人潮最多，虱目魚講求新鮮，越早吃，越鮮美，早起才有好魚吃。

還不滿足，味道想要再重一點，得更深入瀨南街另一端。這裡是已有六十多年的老蔡虱目魚，撒上薑絲的虱目魚粥很豐盛，裡頭有魚肉、蚵仔與肉絲，米粒吸飽魚鮮高湯，再搭一根油條，沾魚湯吃，滋味不凡。油煎魚肚用鳳梨黃豆醬醃漬過，味道稍重，撒上大把薑絲，讓風味更豐富，總覺有美濃客家人的氣味。清燙的帶肉魚皮，沾點醬油膏與薑絲，有嚼勁的魚皮與嫩肉，單純又鮮美。最期待的是煎魚腸，老闆娘撈起粉嫩的生魚腸，放入小鍋煎一下，黑黝黝的不甚起眼，微苦滋味帶著回甘清甜。

如果不只要求便宜又大碗，希望吃到更多樣式的虱目魚料理，得再走遠一些，從五福四路轉七賢三路，往高雄港與捷運西子灣站方向走，位在鹽埕最外圍的旗津廟后海產粥，可以讓人大飽口福，帶著一肚子虱目魚香滿足離去。

早上跟著年輕的老闆簡俊豪去新興市場買魚，他習慣將鼻子湊在新鮮的虱目魚肚上猛吸，聞聞看是否有土味，新不新鮮，再決定要不要叫貨。俊豪的父親不是本地人，來自嘉義民雄，而他自己也喜歡四處學習，沒什麼包袱，或許因此讓他的虱目魚料理得以開創出不同的風味。俊豪每天製作新鮮的虱目魚肚丸與魚皮丸，處理過程頗費工，得先打魚漿，這是加入豬油、魚背肉（也稱魚柳，一般魚背可切出四到六條魚柳）、魚片與荸薺，用機器與手繞著同一方向攪揉半小時，讓物料密密相融，才會產生Q度。

虱目魚皮。

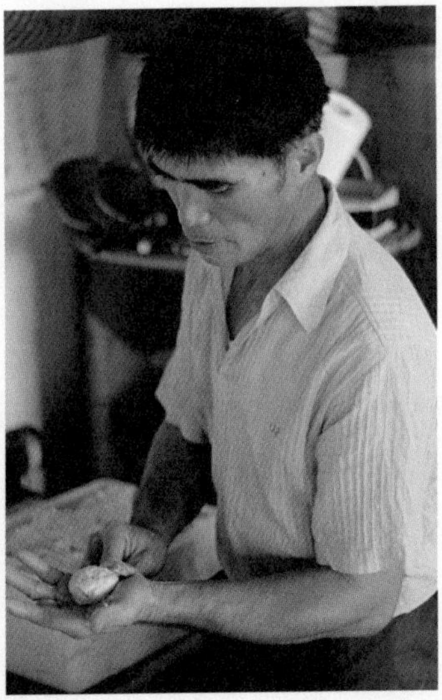
製作魚肚丸。

煎魚下巴。

糖醋魚皮。

魚漿是虱目魚料理的靈魂，先用湯匙挖出一球魚漿，把肥嫩多油的魚肚塞入，揉捏成圓球形，一塊魚肚大概可做成十五顆、約一斤的魚肚丸。魚皮丸則是將長長的帶肉魚皮，兩面均勻抹上魚漿，先用滾水煮熟塑形再冷藏，等到客人點餐再處理。

我在廚房內進進出出，看到大鐵盤上正在煎六片虱目魚肚與六片下巴，因為油脂太豐富了，還被噴出的魚油給燙到。俊豪看我一早跟著出門逛市場，也沒時間吃早餐，決定拿出一身虱目魚料理絕學，十點半就提前擺上一桌虱目魚好料，早午餐一併解決。

乾煎魚皮，表皮擠上檸檬汁再沾胡椒，帶皮魚肉焦焦脆脆的；用蔥蒜豆豉調味的魚頭，肉雖不多、還要小心細細的魚刺，但啃起來很過癮，吸吮頭蓋骨的髓汁，魚鰓後的膠質，有許多細密的驚喜；魚下巴煎得很酥脆，但魚肉仍然香甜多汁，很適合下酒；煎魚腸味道層次很豐富，除了蒜頭、青蔥與九層塔，更多了洋蔥的甜味。

魚肚丸湯。

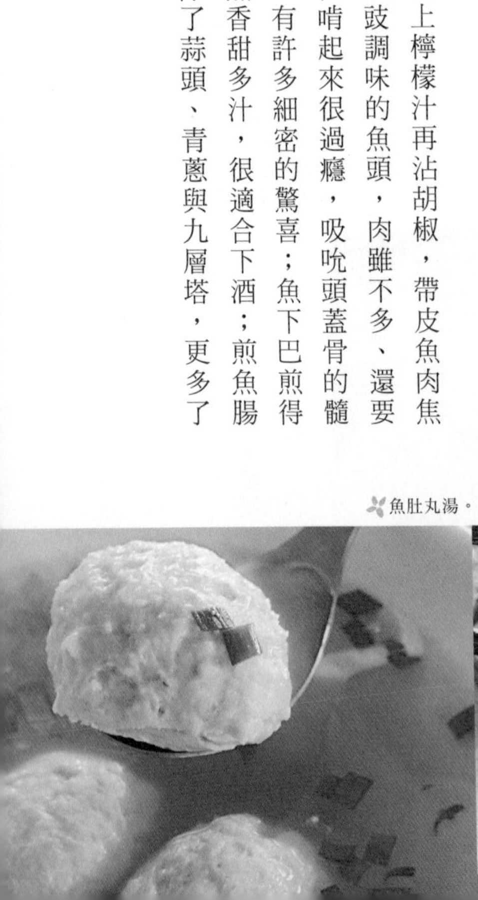

煎魚皮丸。

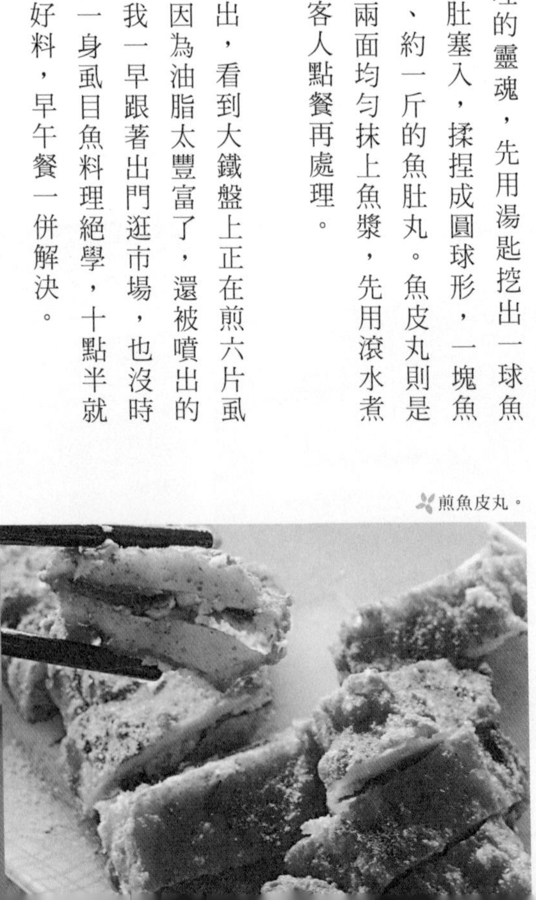

煎魚腸。

豆豉魚頭。

重頭戲魚肚丸湯與魚皮丸上場，大碗公裝了三顆碩大扎實的魚肚丸，加上青綠蒜葉，味道鮮美；已燙熟的魚皮丸則要炸過之後再煎得焦脆，料理過程較繁複，但是因為幾乎沒吃過這樣的口感，一開始會不知道這是虱目魚皮漿做的食物，充滿驚奇。俊豪看我意猶未盡，再端上煎魚柳、魚柳炒飯跟糖醋魚皮，同樣加了大量的蔥蒜香菜與洋蔥，讓魚柳跟炒飯味道又重又香，筷子停不下來，真的帶著一身的虱目魚香與主人的熱情離去。

一般人提到虱目魚，都會想到台南，高雄鹽埕的虱目魚料理跟台南是同中求異，有另一種飽足的滋味。分量與價格上相比，台南比較小巧、價格較高，鹽埕的便宜大碗料又多，樣式與味道變化更大。祖父來自台南麻豆、老家已定居在鹽埕七十年的朋友承漢，覺得高雄的虱目魚料理，多了一種港邊男兒的豪爽，台南細嫩滑溜的魚皮口感，他吃不慣，反而喜歡比較鹽埕各家魚皮裹上魚漿的飽足感差異度，以及各個醬油膏沾料的味道，再喝上一口熱湯，慢慢悠哉吃著魚頭，吸著骨髓，吐出一根根魚刺。

炒魚片。

乾煎魚皮。

新生的城市，融合的滋味

這裡原本只是鹽田、沙洲、潟湖與魚塭，是清代重要的晒鹽場，卻在歷經日治、戰後的歷史變遷，從一個貧瘠的鹽埔變成豐饒的新天地。

從國姓爺鄭成功時代開始，就鼓勵部隊與漁民在台南挖魚塭養殖虱目魚，數百年來，虱目魚一直是台南重要產業與飲食生活的一環，生活氛圍承襲清代到日治沿著五條港開發的曲折巷弄格局，鹽埕虱目魚的文化厚度或猶不足，卻展現出高雄新興城市與工商階級的隨性與豪邁，在日本帝國主義現代化的方正架構下，虱目魚店與小吃攤就沿著巷弄拉成一長排，只要順著街道走，一路上就能發現各攤的驚喜小食。

這裡原本只是鹽田、沙洲、潟湖與魚塭，是清代重要的晒鹽場，鹽田曉霧中，白鷺翩飛的「鹽埔曉鷺」，還曾列入「打狗八景」之一，卻在歷經日治、戰後的歷史變遷，從一個貧瘠的鹽埔變成豐饒的新天地，雖是高雄最小的城區，卻有最新的百貨公司與商場，最多的戲院與酒吧，最古早的小吃，營業稅收曾占了高雄稅收一半以上。

但故事得從一八九九年說起。當時台灣總督府民政長官後藤新平巡視南台灣，由於安平港淤積，而南部的蔗糖與稻米要開始輸往日本，他決定在當時叫打狗的高雄築港開發，成為經略南洋、高躍雄飛的跳板。一九〇八年，西部鐵路縱貫線從基隆通車到高雄，啟動了第一期築港工程，一九一二年進行第二期築港工程時，開始填海造陸，將濬深高雄港的廢土填平鹽埕，成為海埔新生地，擁有新碼頭、倉庫，以及稱為鹽埕埔的新市街土地，同時也拓寬臨近鹽埕埔的高雄川（今日的愛河）。

一九二四年，高雄從打狗改名成高雄市，行政中心從哈瑪星遷移到鹽埕，帶動市民遷居到這個新開發的區域，逐漸讓鹽埕成為高雄市的政商中心。這個新天地，吸引許多南部各地的人來此打拚築夢，他們像候鳥一樣從各地飛來此地棲息築巢。築港工程的大量人力需求，吸引澎湖與台南各地的移民。原本在台南安平的碼頭工人，因為安平港淤積，紛紛來此擔任碼頭工人，安平港周圍的工匠、船工、漁業也因為工作變少，被迫轉移到高雄討生活。

另外最重要的移民是澎湖人，日本政府有系統的鼓勵澎湖移民到高雄工作，稱為「島外出稼」（出稼，季節性從農村移到城市短期工作的名詞），因為澎湖人口增加，但耕地少，東北季風無法出海，使得人民冬天移到高雄就業，夏天返回澎湖，當時估計出稼人數就占澎湖人口將近一半，日本政府也調整海上航線交通船，增加澎湖到高雄的船班，間接減少澎湖往台南的船班，甚至連澎湖的馬公港也隸屬於高雄港務局，推力跟拉力，漸漸讓不少澎湖人落腳在鹽埕及周邊聚落，成為高雄人。

戰後，高雄港經過美軍轟炸，一度殘破不堪，國民政府重新復原之後，吸引更多移民來此就業，像嘉義的移民來到鹽埕與苓雅區，布袋人以碼頭工人為主，東石人從事五金業，新移民通常是無恆產的苦力，藉由同鄉協助進入鹽埕工作，累積資源或機會，再轉業或遷移他處。

一九五〇年代，韓戰、越戰發生，美國在亞洲陸續增兵，也指定台灣為駐越美軍度假地區之一，第七艦隊休假時，便由高雄港三號碼頭上岸，七賢三路因此成為一條酒吧街，專門接待飲酒作樂的美國大兵。酒吧街早期的酒吧老闆多半是山東青島人，因為青島曾是德國殖民地，美軍艦隊又曾駐紮青島，帶入酒吧文化，不少青島人在家鄉時就接觸過酒吧，當撤退來到台灣後，很自然就經營起酒吧生意。酒吧街也吸引許多人來此聚集討生活，經營舶來品生意與各種娛樂文化，讓七賢三路充滿異國風情。

從一無所有到無所不包，鹽埕這個新興區域，融合南部各地移民，交融滋養彼此的生活習慣與飲食口味，創造獨有的生活風格。像虱目魚這個源自台南的食材，在鹽埕落地生根後，一開始多半供應給勞動階級，得便宜量多又好吃，還得多樣化才能滿足需求，其他小吃也是如此，才能在鹽埕生存下去。

冬粉王的綜合米粉，擺滿各式豬內臟。

像一家開業四十年以上的冬粉王，專門賣豬內臟料理，配上冬粉，味道不鹹重，內臟又便宜，在地長輩提到，昔日的碼頭工人都喜歡吃由這位老闆推著攤車、在碼頭邊販賣的冬粉湯，老闆很時髦，穿花襯衫、白長褲，喜歡跳舞，還曾騎車環島。我也專程來吃一碗綜合冬粉。店面乾淨，空間寬敞舒服，經常門庭若市，擠滿觀光客，滿滿一大碗，有豬心、豬肝、豬腸，一百元的價格，不算便宜，但豬大骨熬的湯頭有一定水準，也許是平日早上，人並不算多，總覺得少了一點當年攤車的熱鬧氣氛。

富野路上的城隍廟旁，開業五十年的阿英排骨飯也是在地人愛吃的小店，來自高雄茄萣的阿英，七歲就在鹽埕幫人揹小孩，十三歲開始賣冬瓜茶，後來在路邊賣土魠魚羹，阿英的先生則在旁邊賣刈包，魚丸湯與地瓜，最後才轉賣排骨飯。阿英排骨飯菜色很簡單，一塊炸排骨，配一點酸菜，飯量大，單純有飽足感。

瀨南街的阿進切仔麵，也有六十年的歷史，老闆阿進是台南人，除了切仔麵與肉燥飯，豬內臟也是必點的小菜，豬肺豬腸豬心，甚至還有豬牙齦。早上九點開業，客人就開始川流不息，店門口料理檯擺了一大盤豬內臟、豬皮與小卷，一旁的白髮阿婆一直在添飯，動作慢條斯理，但很有精神。點了豬舌冬粉、肉燥飯與骨仔肉湯，味道很傳統，分量也扎實，心想，這才是古早味，可以滿足勞動人口一天的精神與養分。

阿進切仔麵，有六十年歷史的古早味。

鹽埕街裡頭的一條巷弄，被在地人稱為細姨街，因為許多富商會在附近買房子包養情人，我不是來找年華歲月已逝的細姨，而是來一家很古老的咖啡館——小堤，這家開業近三十五年的咖啡館，應該是鹽埕現役最老的咖啡館吧。深咖啡色的木造空間，除了咖啡香，就是一種古老的氣味，幾個銀髮長輩正悠閒的看報紙、喝咖啡，留著俐落短髮、個性直率的老闆二姐，都會習慣問客人要喝「熱的冷的？厚的薄的？」雖然吧台旁貼著每月二、四週日公休，但她從未公休過。

藏在巷弄的小堤咖啡。

因為這裡幾乎沒有外地客，都是熟客人，而且是七十歲以上的老客人，他們習慣來此喝咖啡、看報紙、聊天發呆，過著悠閒生活，如果公休了，二姐擔心他們沒地方去，如果客人沒來，她更擔心是否生病了，因此就一直開店營業下去。我點了咖啡，二姐問吃過早餐了嗎？原來如果上午來喝咖啡，會附贈一客早餐，雖然只是吐司塗奶油或果醬，再加一顆煎得很嫩、淋上醬油的荷包蛋與火腿，但能慢慢吃慢慢喝慢慢聊，感受老時光的氣氛，還真不錯。

二姐是澎湖人，阿公從澎湖來此工作，父親是建築師，原本開了一間書店，後來收起來，改裝成小堤咖啡，一直營業到現在。二姐聊到客人，如數家珍：有一個是從旗津搭渡輪來此的退休銀行家，以前在鹽埕工作，退休後每天都來這裡喝咖啡；另個阿伯常常從鳳山騎摩托車來此；在吧台前看報紙的婆婆，住在愛河畔的前金區，三兩天就來這裡。

小堤代表鹽埕早期的異國風情，瀨南街阿貴虱目魚對面有個小巷，裡面有家姐妹早餐店，雖然賣西式早餐，但其中法式肉鬆吐司與玉米火腿蛋做的烘蛋堡，就是洋式與台式結合的餐點。點了餐，老闆娘開始打蛋，將玉米、火腿丁與蛋汁煎成圓塊狀，另外將吐司吸滿蛋液，也放在鐵盤煎上，起鍋後撒上肉鬆。吐司與漢堡吃起來很台味，料理卻頗費時費工，如果回到二、三十年前，這些食物可都是新奇口味。

拱廊城市，時間甬道

鹽埕也是一個微型的拱廊城市，像一條時光隧道，只看你有沒有深深地走進去。

新興街俗稱小五金街。

走在街道上，鹽埕像台北的西門町，擁有許多日式風格的洋房，但不像西門町充滿人潮，乍看下，很難想像這裡曾是高雄政商重鎮，但是待上一段時間，細走慢看，卻能感受那種看似洗盡鉛華，仍蘊藏貴氣的質地。每條街道也有商業分工，七賢三路是酒吧街，新興街是五金店，大勇路以鐘錶為主，五福四路專售皮鞋與眼鏡，鹽埕街則賣婦女飾品，新樂街是一長排的銀樓店，一眼望去，整齊劃一，架勢十足。

深入研究法國生活的日本作家鹿島茂，在《巴黎夢幻拱廊街》引述了德國思想家班雅明的話：「拱廊街就是一座城市，甚至可說是一個微型世界。」鹿島茂形容巴黎左岸是咖啡，右岸是十九條曲曲折折的拱廊街，如詩交織的時間甬道，保留過去的繁華記憶。

鹽埕保存各種往昔的生活風景。

鹽埕也是一個微型的拱廊城市，像一條時光隧道，只看你有沒有深深地走進去。

這裡曾有個崛江町，日治時期沿著加蓋的愛河支流地下水道，在上面開設了貫穿鹽埕南北的崛江商場，一九五四年在商場上方加蓋屋頂，變成名符其實的大溝頂市場，大溝頂整合整個街廓的商場，彼此相連，帶動不少小生意。現在看起來雖不免陰暗蕭條，仍別有洞天，除了小吃攤林立，還有西裝店、裁縫店，舶來品委託行，也有人坐在椅子上看書看報紙，非常悠閒。

走到七賢三路與五福四路交叉口，一棟外觀老舊不起眼的建築，朋友說這裡曾叫銀座商場，我半信半疑，走進去一看，光線暗淡模糊，卻深不可測，只有幾個店家招牌看得清楚，抬頭一看，是個三層樓建築，屋頂微微透著光，上頭是彼此相連的樓道，像幾條蜿蜒的巨龍，房舍密密麻麻，彷彿是隱祕的城堡，有王家衛電影《重慶森林》的影子，也有周星馳作品《功夫》豬籠城寨的味道。一個開西裝店的阿伯正在裡頭量衣服，對照外頭的車水馬龍，有種大隱隱於市的感覺。走出銀座另一頭，光線耀眼，外似狹窄的商場，實際直通整個街區。

日治時期，這裡就熱鬧得很，賣布、西服、小吃與商品，大勇路與五福四路口有個吉井百貨，高達五層樓，是高雄市第一家百貨公司，內部還設有「流籠」，搭乘「流籠」成為最時髦的活動。銀座與吉井百貨，戰後仍持續營業，

銀座商場外觀。

銀座改名國際商場，吉井百貨改為高雄百貨，一九五八年，來自台南佳里的吳耀庭，興建位於高雄百貨斜對面的大新百貨，擁有台灣第一部電動手扶梯，以及頂樓的兒童樂園，也造成風潮。

鹽埕曾經就是高雄的代名詞，只是這個小三角地帶，先天腹地有限，西邊受限於壽山，東邊被愛河包圍，南臨高雄港，無法容納過度膨脹的人口。當市政府東移、新的百貨商圈從各地冒出，鹽埕就日益沒落。

銀座商場是一個時光甬道。

廈門滷，老風華

那些隨著鹽埕變老的日日常常，就像富饒的廈門滷或貧窮的鹹魚滷，越老越有滋味，這是無法取代的美好時光。

走過鹽埕的前世今生，當繁花落盡，卻留下平凡悠閒的生活與難以磨滅的歲歲年年。

朋友承漢的外婆原本開美容院，幾乎都是做吧女的生意，有個鄰居曾是酒吧女，遠嫁美國後，請外婆設計代工新娘禮服，出口到美國，外婆也就開了正美新娘禮服店，還有專門縫製新娘禮服的工廠。承漢的舅婆當時也在工廠幫忙剪蕾絲、修裙擺，因為廚藝好，負責張羅家人的午餐，最後就專心帶親人的小孩，以及料理午餐。

富珠舅婆是宜蘭員山人，先祖從廈門來宜蘭當官，最後落腳宜蘭成為台灣人，她的父親曾到九份礦場當記帳員，後來到基隆做金子生意，認識在大稻埕開雜貨店的母親，富珠的外曾祖父是廈門人，經常往來台灣做生意，她的母親也曾在廈門念過十年的私塾，後來富珠的父親來高雄開銀樓，她也跟著來高雄顧店，並嫁給承漢的舅公。

舅婆想起小時候最懷念的菜，是外曾祖父的私房菜——廈門滷，阿祖在房間藏了一個從大陸帶來的陶甕，平常都會拄拐杖自己去買肉，用大塊豬肉、魷魚或螺肉、蒜苗白鯧米粉。

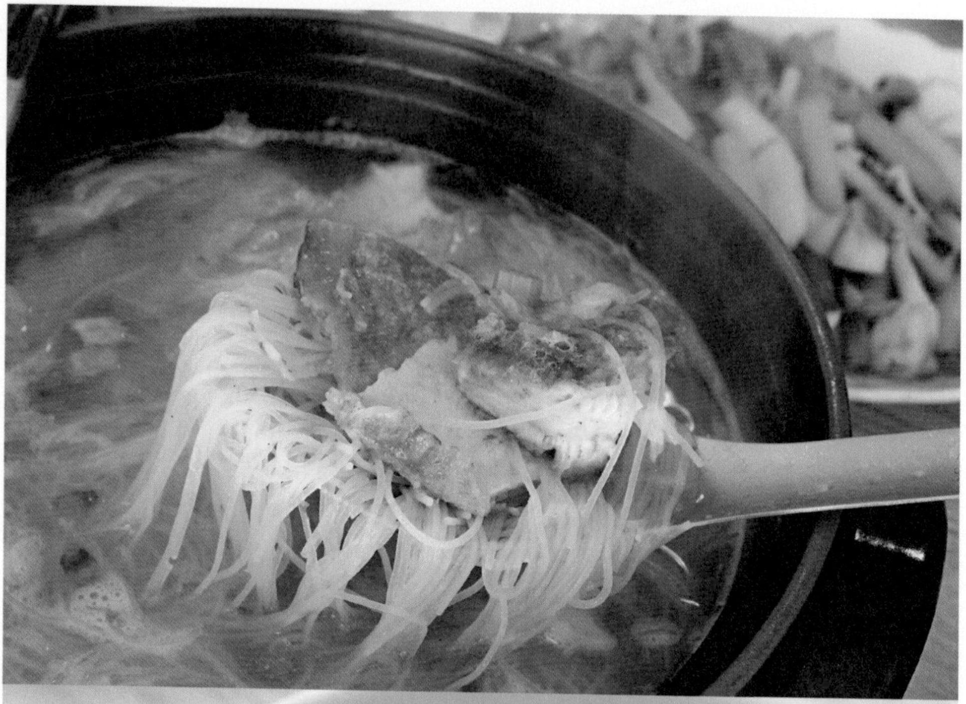

廈門滷。

加醬油去熬，常常都是自己吃，有時請家族男性一起吃，但年紀最小的富珠總是吃不到，哥哥常常利用阿祖不在家，偷偷拿肉給她嚐嚐。

外婆一家來自台南麻豆，忙碌工作，想吃家鄉菜解饞，舅婆又是北部人，他們家的餐桌就呈現區域多樣性。那天我也當起承漢的家人，在餐桌上一探廈門滷的滋味。舅婆先將魷魚切片，和香菇與五花肉一起爆炒過，再倒入浸泡過香菇與魷魚的水，並加入高湯與醬油，放一小匙米酒、蠔油與些許砂糖，再來用小火慢煮。舅婆提到，阿祖的廈門滷還會加鴨蛋，因為當時鴨蛋比雞蛋便宜，舅婆為了保持蛋香，不會滷太透，就將雞蛋跟飯一起煮，煮熟後剝去蛋殼，再放到鍋子滷一下。廈門滷的精華是滷肉，沒有太軟爛，保持豬肉的口感，但充滿魷魚香跟香菇香，又不會太鹹，滷汁也很下飯。

白鯧米粉也是拿手菜，先將白鯧整尾煎過，冰鎮起來，要吃時再取出來切塊，倒入高湯，只用胡椒與鹽調味，再加入米粉，起鍋前，撒點油蔥酥，蔥花與芹菜珠，就大功告成。白鯧肉質因為先煎過，就不會鬆鬆爛爛的，保持一種嚼勁，配上米粉與鮮甜湯頭，是很難得嚐到的古早味。舅婆還有一道韭菜蚵仔煎，蚵仔加鹽與地瓜粉，加水用湯匙調勻後，一塊一塊下鍋油煎，長

韭菜蚵仔煎。

舅婆在準備韭菜蚵仔煎。

得像蚵嗲，但因為加入地瓜粉，口感很軟嫩，充滿韭菜香，也跟一般加青菜的蚵仔煎的風味大不同。

舅婆的虱目魚料理也很特別，虱目魚先用鹽巴醃過，再將絞肉、香菇與大蒜，剁碎拌在一起，塞到魚肚中去蒸，這是外婆喜愛的家鄉菜。外婆還喜歡一種很古早鄉土味的鹹魚滷，承漢媽媽形容是「臭腳燒」（腳臭味）的味道，她提到這種味道時，竟是悠然神往的表情，可惜這道菜我沒吃到，那是用鯖魚乾、虱目魚塊、滷肉一起滷，吃完料之後，只剩湯汁，再放薑片與豆腐燜煮，承漢媽媽形容豆腐超嫩超香，那鍋鹹魚滷可以吃上一星期，大家還捨不得吃完，會用筷子沾醬汁一口一口吃。

承漢五個表兄弟姐妹都是舅婆帶大的，現在都在外頭發展，只有承漢從台北回到鹽埕老家，將外婆的正美新娘禮服店改成叁捌旅居空間，象徵三〇年代出生的外婆與八〇年代出生的外孫，祖孫之間的時空對話，住宿空間與磚瓦、外婆的手繪設計稿，保留著當年的風華故事，還有家人吃飯的大圓桌，留下舅婆做菜的點點滴滴。

每天早上喝茶逛市場的舅婆，固定中午煮飯給親人吃，看著白髮蒼蒼的舅婆正在料理廈門滷，高瘦俊秀的承漢在一旁拍照，昔日愛吃肥肉的小男孩長大了，舅婆念念有詞：「我陪你們長大，你們陪我變老。」

那些隨著鹽埕變老的日日常常，就像富饒的廈門滷或貧窮的鹹魚滷，越老越有滋味，這是無法取代的美好時光。

如果你想品味鹽埕人的餐桌

- **叁捌旅居** 提供鹽埕導覽資訊，早餐提供虱目魚料理
  高雄市鹽埕區五福四路226號 (07)5215938
- **旗津廟后海產粥** 高雄市鼓山區捷興二街33-1號 0986343155
- **阿貴虱目魚** 高雄市鹽埕區瀨南街144-1號 (07)5516603
- **老蔡虱目魚** 高雄市鹽埕區瀨南街201號 (07)5519869
- **阿進切仔麵** 高雄市鹽埕區瀨南街148號 (07)5211028
- **姐妹早餐** 高雄市鹽埕區瀨南街137號-3 (07)5511100
- **小堤咖啡** 高雄市鹽埕區鹽埕街40巷10號 (07)5514703

原鄉 家之味

美濃人 的餐桌故事

美濃一夜雨。清晨，我走出民宿房間，庭院小湖已有大白鵝悠游，
雨後的空氣溼潤清新，山嵐如煙如霧，山脈朦朧連綿。

走進由舊豬舍改建的餐廳，餐桌已經擺好了，
滿滿都是從當地市場買來的早餐，
有木瓜粄、地瓜粄、豬籠粄、紅豆麻糬，
將美濃客鄉的米食特色發揮得淋漓盡致。

在美濃很少看到
肉圓、米粉、滷肉飯、乾麵與貢丸湯等閩南式的早點小吃，
都是各種做成粄的米食。

美濃人
的餐桌故事

米食的真情演出

各式各樣琳琅滿目的粄，讓美濃這個稻米之鄉，呈現多樣的米食風華。

粄相當於閩南式的粿。美濃客家人會用在來米、糯米或麵糊加入各種食材，做成不同口味的粄。木瓜粄是青木瓜刨成細絲後，加入米漿、麵粉、鹽之後煎成薄餅，地瓜粄也是這個做法，兩種粄都帶著微微甜味，並各有木瓜、地瓜的香氣。豬籠粄其實就是客家菜包，因為胖胖小小的，長得像關小豬的竹編籠子，就稱為豬籠粄，裡面包蝦米、紅蔥酥、蘿蔔絲，油油香香的，粿皮很厚實，吃了很有飽足感。

美濃作家鍾鐵民在〈木瓜樹下好乘涼〉寫著：「青生的木瓜熟度夠了可以製成蜜餞木瓜糖；可以和豬肉一同燜成大封，是客家吸引人的菜餚；可摻合米漿煎木瓜粄，美濃街頭一年四季都在販賣，是鄉親喜愛的點心；黃熟的木瓜可生吃可打汁，最不濟還可以餵雞餵豬，用途多了。」

一顆木瓜可以發揮這麼多功用，也只有在美濃客庄才能如此。美濃市場除了賣醃漬品、蔬果，還有各式各樣的粄食，晚起可就吃不到了。我看到一個白色橢圓狀，中間一抹紅帶的食物，覺得似曾相識，卻又說不出是什麼，問了攤販，她說是紅粄，再三確認，原來就是閩南人口中的紅龜粿。但美濃的紅粄很雅緻，跟傳統紅豔的紅龜粿大

木瓜粄。

不同，同樣包豆沙或花生，但粿皮口感較脆，沒傳統紅龜粿這麼軟嫩。美濃人如果祝賀別人生子，送的紅粄就叫新丁粄。我跟朋友開玩笑，你們客家人也太節儉了吧，連色素也要省。朋友說，從小到大都是吃這種白色的紅龜粿，長輩說這樣才好看，顏色不會太滿，他也是到了外地，才知道紅龜粿是紅色的，跟家鄉大不同。

來美濃一定要吃的早餐，還有阿招的碗粿與肉粽。美濃人稱碗粿叫碗仔粄，甜碗粿是甜碗仔粄，這個六十年的小店位在美濃市場外圍，主人阿招大姐笑容滿面，不斷招呼外帶跟內用的客人，很多都是白髮蒼蒼的長輩。我點了鹹甜各一的碗仔粄，以及淋上滿滿花生粉的肉粽，味噌湯是免費奉送的。

鹹的碗仔粄，是用舊的在來米磨漿蒸熟而成，上桌前，阿招才撒上花生粉與炒過紅蔥頭的蘿蔔乾，以及蒜味醬油，口感跟一般軟軟的碗粿不同，彈性厚實，味道稍鹹，很有飽足感。喝口湯，再吃肉粽，餡料很簡單，香菇、花生、五花肉與蝦米，重點是滿滿的花生顆粒與花生粉，香氣濃郁。美濃人特別喜歡吃含有顆粒的花生粉，吃起來很有味道。深棕色的甜碗仔粄，較少在其他地方吃到，這是將炒過的砂糖加入米漿去蒸，入口Q彈充滿咬勁，還有淡淡糖香，得認真咀嚼，才能體會這種扎實的原味口感。

上：提供在地老味道的第二代老闆阿招。
下：甜的碗仔粄。

鹹碗仔粄與肉粽。

媳婦阿招是第二代接班人，每天早上五點開始做碗仔粄，六點開店，不到十點就賣光了，如果不早點來，就吃不到阿招的在地老味道。她中午回家再繼續包粽子，下午工作完，才有時間看看電視節目。她說工作不辛苦，如果不一直努力工作，客人就會吃不到這種美濃味道。

來美濃當然更不能錯過粄條。美濃人稱粄條叫「面帕粄」，將在來米磨成漿，鋪平蒸熟，攤開的模樣像毛巾，就稱為面帕，再切成細長條狀，就成為粄條。美濃粄條都集中在中山路、中正路附近及美興街這一帶，被稱為粄條街。接近中午，觀光人潮才會湧入。

粄條也是美濃人早餐的選擇之一，得早上來吃，才能從容感受在地氣氛。早期每家粄條幾乎都是店家自製，現在生意忙碌，不少都交給工廠製作，我喜歡到遠離粄條街、在福安國小附近的阿城粄條，這家小店是現存少數仍維持自己製作粄條的店家，每天四、五點就得起床做粄條，七點開門。早起的客人就能吃到最新鮮的客家滋味，還可以看到店員將面帕切成一條條粄條，再下鍋煮的過程。

以前中午來吃阿城，豬腳還得先預訂，否則常常撲空，一早來吃，就不用擔心。此時已有三三兩兩的人埋頭大嚼粄條、大口喝湯，再配上一碟粉腸小菜。阿城的料理很簡單，鮮甜的大骨湯頭，配上油蔥酥、韭菜，放上肉片，湯粄條、乾粄條都好吃。另外，炒粄條的味道又不同，不會太鹹太油，如果再加一點烏醋，酸酸的味道也會帶出另種粄條香氣。

各式各樣琳琅滿目的粄，讓美濃這個稻米之鄉，呈現多樣的米食風華。《美濃鎮誌》記載，美濃客家獨特的傳統米製食品多達十六種，包括：面帕粄、紅粄、米篩粄（米苔目）、碗仔粄（碗粿）、芋粄（芋粿）、圓粄仔（湯圓）、白頭公粄（鼠麴草粄）、蘿蔔粄（菜頭粿）、甜粄（年糕）、粽子（鹹粽、粄粽、鹼粽）、麻糬等等。這種米食文化，也是凝聚族群文化的象徵。每逢年節，客家人必會「打粄」祭祖敬神，蒸熟後，口感黏稠柔軟，放冷也能保存不壞，且容易攜帶，是客家人歷經戰亂與遷徙的生活智慧。過去地方團練捍衛家園時，還可當成軍隊戰備乾糧，出征時，要打甜粄，當軍糧，又能敬神，祈求子弟平安歸來。

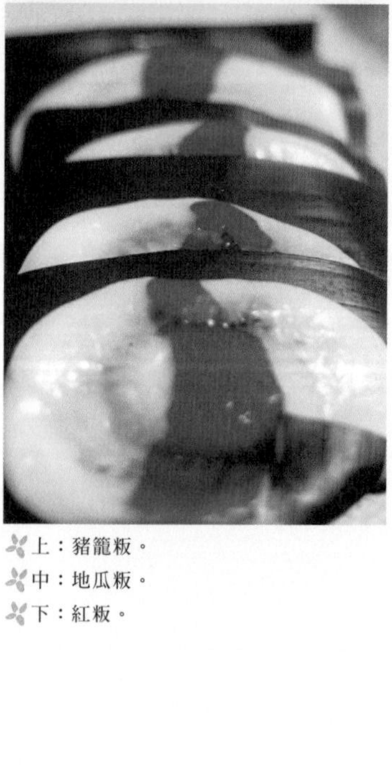

上：豬籠粄。
中：地瓜粄。
下：紅粄。

流動的客家饗宴

除了吃野吃雜吃粗吃封肉，美濃人還吃什麼？深入他們尋常家庭的餐桌，就能找到答案。

傳統印象，客家人的飲食特色就是「吃野吃雜吃粗」，不僅吃野味野菜、也吃內臟，但吃粗不是指粗糙，而是手法較粗獷。客家料理多以燉煮燙為主，比較少炸烤，刀功上較樸實，剁肉、切菜大塊豪邁，因為農務或勞務繁忙，沒有太多時間細燴慢熬，口味重油重鹹，才能補充勞動流失的汗水。

桃竹苗的北部客家人，跟屏東平原六堆的南部客家人，風土條件不同，飲食文化也有差異。北部山多田少，竹筍多，會醃漬醬筍，吃筍乾；北部產酸桔，還會製成桔醬當沾料；從北部往南移民採樟腦的客家人，則將醃筍的技術跟飲食，帶到嘉義或高雄甲仙、六龜。南部客家人居住在屏東平原，種稻、甘蔗、水果，農產多，較富裕，會醃鳳梨醬，反而較少看到醬筍。南部客家人最大的特色就是封肉封菜，這是用大灶將豬肉、雞肉、冬瓜、高麗菜、木瓜等菜餚放在一起，用小火燉煮，節省時間，菜色又多樣。其中大封是切大塊的豬肉，小封是一般小塊的紅燒肉。

鍾鐵民曾在〈月光山下．美濃〉寫著，美濃一般家庭主婦樣樣都行，就是不會做菜，因為平常工作太忙碌了，沒心思費心烹飪，餐桌上只要有封雞封肉就是上上佳餚了。這樣說，他的太太恐怕是會抗議的，其實鍾媽媽的料理，是我的美濃鄉愁。鍾家的餐桌，就是一場流動的饗宴。除了吃野吃雜吃粗吃封肉，美濃人還吃什麼？深入他們尋常家庭的餐桌，就能找到答案。

陽光慢慢散去的傍晚，鐵民老師的小女兒舜文帶我走理和小徑，這是她的祖父、作家鍾理和跟父親鍾鐵民經常走的山路。這條路在廣興國小的大路旁邊，一邊種芭樂，一邊種稻，要走約四、五十分鐘，才會走到位在美濃東北方笠山的鍾家。

一路上，經過一棟客家夥房與幾個民宅，看到裝著木柴的推車、幾座大灶，還有木瓜園、香蕉園。舜文講父親小時候跟弟弟上下學，在此抓青蛙、抓蛇、採野菜的故事。我們看到一棵高大的芒果樹，樹下有座伯公廟（美濃人稱土地公為伯公），我們在伯公廟前合掌拜拜，祈求平安。

這條蜿蜒小路，曾是鍾理和從台北療養院出院後，他的妻子鍾台妹帶著長子鐵民，等他返家之路。離鄉三年，只見過妻子一面，回到故里，充滿熱切思念。當時鍾理和剛下車，元氣尚未恢復，得吃力走著，路口沒看到妻子，有些悵然。

舜文用輕柔聲音誦讀鍾理和在〈貧賤夫妻〉裡寫的一段話：「一出村莊，一條康莊大道一直向東伸去，一過學校，落過小坡，有一條小路岔向東北。那是我回家的捷徑。我走落小坡，發現在那小路旁——那裡有一堆樹蔭，就在那樹蔭下有一個女人帶

向左走，就進入理和小徑。

一個孩子向這邊頻頻抬頭張望。」

不知為什麼，彷彿真的看到當年台妹牽著鐵民小小的手，在路旁張望的畫面，想起這個家族的坎坷歷程，我的眼睛不覺濡溼了。

這條路當年真是崎嶇難行，又苦又艱，卻也充滿家的溫馨。鍾理和在日記裡抒發對這條路的感受：「我還清楚記得那些，沉默的橋、曲折的流水，隱在山坳，或在樹陰深處，隱約可見的和平的、明淨的、瀟洒的人家，橫斜交錯的阡陌，路的起伏，給行人歇息的涼亭，綠的山，古樸的村子。這一切，不拘在什麼時候走起來，或者走了多少次，是總叫人高興的！愉快的！」

過了一個坡，舜文說，媽媽在等我們吃飯了。我們趕緊加快腳步，走過平妹橋，這是紀念鍾理和妻子鍾台妹（電影《原鄉人》裡叫平妹）的小橋，橋兩旁是許多台灣文學作家的手印跟筆跡，其中也有鐵民老師的筆跡：「衫褲愛新，人愛舊」。過了橋，有一個小小的伯公壇，舜文祖母台妹在世時，每天早晚都會來此拜拜。經過一個小小菜園，鍾媽媽正彎腰用鋤頭挖土，她挺直腰，倚著鋤頭說，你們好慢啊，我等很久了。

鍾家的廚房兼飯廳非常大，大圓桌已擺滿菜，都是鍾家日常的菜餚，也是鐵民老師喜愛的菜。其中有幾樣小菜很特別，一道豬油渣是台妹的最愛，因為婆婆有時沒胃口，不想吃飯，鍾媽媽會將白肉炸出豬油後剩下的油渣，再炸過一次，呈現金黃微焦時，撈起瀝油，加醬油加醋，淋在飯上，婆婆看到眼睛都亮了，可以吃好幾碗飯。我下箸嚐鮮，口感香脆，加上醬油跟醋，酸酸鹹鹹，很下飯。

另一道是黑黝黝的炸紫菜，看起來不起眼，但酥酥香香的，這是台妹教的手藝。當年鍾媽媽嫁過來，婆婆將廚房重任交給她，就不再下廚，但偶爾自己會做炸紫菜，紫菜拌上醬油，放入油鍋中以小火慢炸，非常簡單。

婆婆台妹也喜歡鳳梨醬的滋味，鳳梨醬是南部客家人特有的醃漬品，鳳梨切片，加入鹽與糖一起醃漬發酵而成，鍾媽媽會把醃過的鳳梨剪碎，剁成泥狀，再淋在她自己種的地瓜葉

鍾家餐桌。

蘿蔔苗蒸肉。

冬瓜封。

地瓜葉拌鳳梨醬。

上，拌勻後，味道就像天然酸味的沙拉醬一樣。

天氣熱，鍾媽媽也用當令的瓜類入菜，瓠瓜粄就是瓠瓜刨絲之後，加入麵糊去煎，瓠瓜本身水分多，吃起來很溼潤清甜。西瓜炒肉絲也很爽口，這是用西瓜皮與果肉之間的白肉，叫翠衣（中醫說可消炎利尿），跟肉絲一起拌炒，吃起來脆脆的，水分飽滿，些許淡淡的甜味，顏色也好看。

南瓜蛋酥是鍾媽媽的得意之作，將南瓜泥摻和蛋汁一起下油鍋去炸，撈起去油後，南瓜香跟蛋香相融，酥脆中帶著南瓜的甜。涼拌苦瓜，是先將苦瓜切成四片，汆燙後，讓其冷卻，另外用梅子粉泡水，淋在苦瓜上，這道菜苦甘又有梅香，實是夏日爽口的上選。

瓜類之外，還有兩道美濃傳統客家肉食，蘿蔔苗蒸肉與白斬雞，值得記上一筆。

蘿蔔苗蒸肉的外表黑黑的，像捲曲的茶葉，仔細聞、咀嚼之後，又有蘿蔔淡淡的氣味，連蘿蔔的葉子都拿來食用，真是充滿客家惜物精神的菜餚。鍾媽媽一直嫌蘿蔔苗製作的過程太繁複，但每年秋天還是照樣醃漬蘿蔔苗。白玉蘿蔔的葉子剪下後，先晒過一天，加南瓜蛋酥。

瓠瓜粄。

西瓜炒肉絲。

豬油渣。

鹽搓揉之後放進容器中，壓上石頭，等其出水，十天後等葉子變黃微酸，再清洗掉鹽分，吊起來晒乾，最後切成小段再繼續曝晒，等到乾燥得像茶葉般，就可以收藏了。這次我們吃的蘿蔔苗，顏色深，是有相當年紀的，這是一九九七年製成的，已經算是古董級，味道非常香濃，清蒸之後香氣融在肉中，是一道下飯的好菜。

傳統的客家白斬雞，關鍵不是雞肉，而是沾醬，這是用九層塔、醬油、糖、醋與蒜細細拌製而成，要將雞肉沾滿醬汁才夠味，不是吃肉，而是吃醬。

白斬雞與沾醬。

每道菜，都是外面餐廳吃不到的家常料理。每次來鍾家吃飯，菜色都會隨節令變換，唯獨有一道麵線煎一定不換，雖然只是麵線淡淡的鹹味，但煎過後，外表像金黃豆腐，帶點微微焦香，軟中帶脆的口感，不知不覺會一塊接一塊吃不停。做法是先將麵線煮過，撈起放入容器中，再用鍋鏟壓實成固體狀，放入冰箱冷藏，等到要吃的時候，切成塊狀再去煎，成為一個個長形的金黃豆腐，好看極了。我還吃過麵疙瘩，大塊的麵疙瘩，配上大骨熬的濃郁湯頭，吃起來很豪邁。

鍾媽媽說，粄條是農作的點心，不是正餐，豬腳、封肉也是在過年才有時間做的料理，平常吃的都是隨意簡單的家常菜，每道菜幾乎都是她菜園種的，像茄子、芋頭、青菜、薑與竹筍，只有豬肉與雞肉不是。我開她玩笑，你怎麼一點都不讓別人賺，無法促進經濟活絡喔！爽朗的鍾媽媽馬上反擊，每次你來美濃都下雨，你是雨男，跟你名字一樣！

曲折的故事地圖

鍾家的餐桌，充滿曲折故事，走過美濃客家、閩南、中國東北與廣東，有悲歡離合，又華麗蕭索。

鍾理和的曾祖父帶著一把鐮刀、一把鋤頭和一支銃，從廣東嘉應州遷到台灣屏東，再到里港武洛村，接著渡過荖濃溪移墾到屏東高樹的廣興村。鍾理和的父親鍾番薯是個農村企業家，種鳳梨、香蕉、咖啡，還從事外銷生意、開船運公司，鍾理和十八歲時，隨著父親從廣興村搬來美濃笠山，當時這裡是一片原始林，他們準備開墾，種果樹、蓋農莊。

開墾需要大量人力，二十一歲的鍾台妹與父母親，全家得走一個多鐘頭的路來農場工作。台妹精明幹練，受到鍾番薯器重，常常和鍾理和碰面，台妹是長女，很會照顧人，個性溫和的鍾理和，習慣被照顧，少爺跟長工兩人意外相戀，但因為同姓不能結婚的風俗，決定私奔到中國的瀋陽。

鐵民在瀋陽出生，那年，鍾理和二十七歲，鍾台妹三十歲。後來一家三口遷居北京，不識字的台妹，除了會講客家話，在北京也學會流利的北京話，甚至跟同是台灣來的鄉親，可以用閩南話溝通，也會簡單的日語。光復後，全家搬回台灣，鍾理和在屏東內埔中學擔任國文代課老師，後來因病辭職，返回美濃笠山。

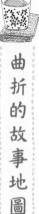

鍾媽媽在菜園耕作。

鐵民小時候因為罹患脊椎結核，無法支撐身體，造成身形歪斜與駝背，長期受到病痛折磨。鍾理和病發過世前，鐵民也因為脊椎結核引發的麻痹症倒在床上，父子倆一人躺一張床，母親早起晚睡，下田回來還得照顧他們，卻無時間悲傷。

台妹長期在田裡工作，身邊都會帶著鐮刀，誰敢欺負她們孤兒寡母，就跟他拚命。鐵民記得小時候母親很嚴厲，性子急，罵人罵得兇。舜文也提到奶奶脾氣很剛烈，有時還會罵粗話，慢慢年紀大了，脾氣比較圓融了，還會跟媳婦開玩笑。婆婆有時會告訴鍾媽媽以前的日子怎麼過的，說著說著，腳底板還會癢起來、不舒服，因為過去的日子實在太難忘、太痛苦了。

原本不打算成家的鐵民，在旗美高中擔任國文老師，認識同事的妹妹明琴之後，決定結為連理。明琴家裡開旅社，沒做過家事與農務，結婚前，鐵民告訴她，「當我的新娘可要走很長很崎嶇的一段路！」這條路果然很崎嶇。結婚前，明琴不了解鐵民的家族故事，只知道他的父母是同姓結婚，跟傳統風俗不同。嫁來笠山時，明琴步下禮車，提起禮服裙擺，跟著新郎，走過小吊橋、穿過菸田，爬上小山坡，走二十分鐘才到家。

鍾媽媽與舜文。

當時離大過年只有十天，婆婆說，從此廚房交給你管，我要休息了。這個大小姐從未下過廚，該怎麼辦？婆婆告訴她過年大封的做法，蒜葉鋪在鍋底，擺上雞、豬，冬瓜與高麗菜，高麗菜要切半，冬瓜得先除去外皮，以及挖去長滿種籽的果肉囊，再擺在豬雞上面，加上冰糖、淋上醬油，蓋鍋燜煮到軟爛為止，最後再放上蒜葉，維持蒜葉的口感。

鍾媽媽得自己殺雞，自己想辦法摸索，總算過了年菜這關。我問她，婆婆有滿意這道菜嗎？她笑著說，新手上路，不滿意也得接受。

廚房與農田是美濃女人的一生，苦了一輩子的台妹，娶了媳婦，也卸下重擔，從此很少進廚房。中國東北的生活，讓鍾家養成吃麵食的習慣。台妹在家裡就喜歡擀麵，包水餃，做麵疙瘩，她喜歡吃酸白菜水餃、高麗菜與韭菜水餃。鍾媽媽一開始很不習慣吃麵食，但也得學習婆婆的手藝與味覺，才能照料一家人，她現在可以吃一大碗麵，飯反而吃得少了。

鍾媽媽是鐵民老師口中的「山妻」，自己種菜與料理，鐵民朋友多，常常來家裡聚餐，有時說好來三個人，結果一次來十多人，鍾媽媽都得緊急應變，也磨練出十八般廚藝。她還是司機跟提行李的跟班。我問鍾媽媽有沒有聽過鐵民老師的演講，她說有時候會聽，但若講太久，她常溜回車上睡覺。鍾媽媽其實是台南人，父親跟母親來美濃鎮上工作，母親生下她沒多久就過世了，父親無法照顧她，只好交給隔壁開旅社姓郭的人家撫養。閩南語很流利的鍾媽媽，不管是跟養父母或生父這邊的兄弟姐妹都很親，有著客家與閩南交融的血緣。鐵民老師常開鍾媽媽的玩笑，你是河洛妹（閩南女人），鍾媽媽不甘示弱，回應說你才是北京兄呢！

幾年前，鐵民老師過世之後，母女兩人守著山中大房子，舜文告訴我，媽媽一開始很不習慣，她常常得陪母親一起睡。舜文的話觸動我，一直想著要如何讓鍾媽媽開心？我問鍾媽媽，有沒有可能，我帶旅行團的旅人來家裡吃飯，讓更多人吃到她的精彩手藝，熱鬧熱鬧增添人氣？沒想到鍾媽媽竟爽快答應。好幾次，我帶二十人的小旅行團來笠山，走理和小徑，聽舜文講故事，吃鍾媽媽的料理，吃完飯，一起在客廳聊天，鍾媽媽妙語如珠，逗得大家笑開懷，就像一家人一樣開心自然。每個曾吃過鍾媽媽手藝的旅人，總念念不忘她的菜餚。

有一次，快要過年了，鍾媽媽邀我來家裡先嚐嚐她的年菜。靠廚房的庭院，有一個大爐子，下面燒著柴火，打開鍋蓋，熱氣騰騰中，放著一大塊三層肉、半隻雞、半顆冬瓜、半顆高麗菜，這就是客家大菜「大封」，小火熬了五個小時，已經燜到軟爛可上桌了。

鍾媽媽堅持以柴燒烹煮客家大封。（鍾舜文提供）

客家大封，其實料理很方便，只要材料擺好，開始小火燜煮，即可外出從事農務，工作返家後，打開鍋蓋，已經軟爛透盡，就可以吃了。大封是美濃過年的傳統，甚至初二女兒女婿回娘家，也一定要吃大封，表達對出嫁女兒的情意。大封也是鍾媽媽招待鐵民老師眾多文友的祕密武器，一次就能滿足大家的胃口，又不怕吃不飽，只要事先預約、知道人數，再多客人也不怕。

大封看似簡單，卻需要花時間，除了有耐心，還得注意火候，火太旺就會燒焦，如果用瓦斯就能固定火候，但鍾媽媽堅持還是用柴燒的傳統。朋友笑他們很落伍，連住山裡面的人都用瓦斯了，你們還在用電鋸、斧頭砍柴、燒柴。

鍾媽媽今晚的大封，是改良版，過去婆婆教的，蒜葉鋪底容易焦爛，而且太鹹，她改用自己種的紅甘蔗、連皮帶肉削片鋪底，沒想到意外有蔗糖的香甜，而且鹹甜中和後，味道就不會太鹹，再加點米酒，增添香氣。她強調，雞肉一定要用閹雞，雞又大又肥，肉稍硬，燜煮之後，吸飽了豬肉香，肉質也會軟爛，一般的雞太小隻，封起來肉太少，也會太軟，反而失去口感。

這道從中午燜到傍晚的大封上桌後，真的把我的心給封住了。冬瓜跟高麗菜顏色雖然深，但不死鹹，吸飽了豬油與雞油的香氣，很軟嫩，裡裡外外，味道都透了。豬肉已經爛到輕輕用筷子一撥，肉就化開，而且散發蔗香，因為不加水，冬瓜跟高麗菜的水分也溶在豬肉裡，吃起來不乾澀。雞肉也不油膩，骨肉一下就分離，雞皮很甜，咬一下就融化了，再配上甜甜的蒜苗，就是簡單的醬油香、蔗香與蒜香。

山居歲月平淡自在，鍾媽媽說，早上澆水種菜，煩的時候就出去吹吹風，日子過得很快樂。

什麼時候，該再去找鍾媽媽一起吹吹風了？

高麗菜封。

客家大封。（鍾舜文提供）

美濃滿年福

要體驗美濃的飲食文化，粄條街只能滿足觀光客的粗淺胃口，得進到美濃人家裡的餐桌，才能親炙日常生活故事，但如果沒參與過美濃的在地辦桌活動，就感受不到美濃完整豐厚的飲食底蘊。

年關將近的小寒時節，通常在農曆十一月下旬到十二月二十五日之前（農曆十二月二十五日美濃人稱「入年掛」，意思是進入過年的時令，準備要迎新春），美濃客庄會舉辦特有的拜謝伯公（閩南人稱土地公）的滿年福祭典，答謝伯公這一年的照顧。

一年前美濃朋友告訴我，滿年福儀式結束後，會準備熱騰騰的宵夜鹹粥，以及祭拜完、熱炒的豬羊下水，隔天中午還有客家辦桌「登席」（以家戶為單位登記桌席的聚餐），吃傳統美濃辦桌美食，光聽到鹹粥就令我嚮往，馬上預約一年後的這趟旅行。

旅行，有時只是為了那碗在腦中熬了一年的熱鹹粥。

晚上八點，來到美濃福安里的開基伯公壇，參加滿年福的祭典。這個伯公壇是乾隆年間先民從屏東越過荖濃溪，來美濃平原的靈山山麓開墾，為了保佑平安，就在山腳下建立的第一座伯公壇，被稱為開基伯公，是美濃歷史上最早的土地公信仰。

由於祭祀儀式活動滿冗長，我四處走走，來到伯公壇後方，看

登席上菜如打仗。

到一個廚師，手叉著腰，氣定神閒，單手拿大鍋勺煮兩大鍋粥。他又走到一旁，將絞肉、醬油、辣椒、蒜頭與高麗菜乾放入大鐵鍋，用雙手大力拌炒，炒完後，他試了味道，點點頭，看到我在一旁，也讓我來試味道，香香鹹鹹油油，他將這鍋碎肉末倒進粥裡面，原本的白粥就變成鹹粥。

他再由外而內一直攪拌熱粥，越攪越稠，得不停攪拌五十分鐘，才能讓這鍋鹹粥又濃又香。師傅叫劉紹興，是美濃六十年老牌飯店美豐飯店的老闆，以前打過棒球，現在也在美濃擔任少棒教練，他說工作忙，但是滿年福、新年福的活動一定要來幫忙。

上：劉師傅炒鹹粥餡料。

下：客家酸菜。

祭祀活動還沒結束，但鹹粥的香味已經越來越濃，我們等到晚上十點半，已經飢腸轆轆，但鹹粥得在十一點才會上桌。師傅看到我兩個女兒也在等待，他盛了兩碗粥讓孩子先吃。女兒們與高采烈地吹氣開始吃粥，邊吃邊喊燙，又說好吃好香。我們幾個大人睜大眼看著劉師傅，師傅索性又添了好幾碗，「你們也是孩子，趕快趁熱吃。」

我們幾個人趕緊拿了粥，躲在一旁吃，怕被其他人看到。晚上天氣冷，熱騰騰的鹹粥，即使味道又油又重，卻是我等待一年的難得滋味。滿年福的平安粥，讓一群人聚在一起，端著粥，圍在一起偷吃，偷偷摸摸的幸福感最難忘。

沒多久，祭祀活動結束，員工端來兩盆祭祀用的豬羊下水，師傅急忙清洗內臟，接著將內臟燙熟，再放入醃漬的客家黃豆醬、薑絲、辣椒與蒜頭，開始大火快炒。炒好後，我又來試味道，有薑絲大腸的味道，但不夠酸，劉師傅又再加了醋，最後撒上九層塔，大功告成。

外頭各桌的信徒也都坐滿，工作人員將下水裝在大碗裡，鹹粥裝在鐵桶中，開始送到各桌。每桌的人安靜吃粥，配著微辣鹹酸的豬羊內臟，折騰一整晚，大家都累了餓了。這碗平安粥，撫慰了疲憊，伯公應該也開心。

隔天中午，滿年福的重頭戲「登席」登場，地點仍在伯公壇，每桌九人，有登記繳錢，桌上就有姓名（一人三百元）。傳統客家宴席分「粗席」跟「幼席」（客語發音，粗席就是一般宴席菜，幼席是比較細緻、海鮮較多的宴席）。

一般來說，美濃的登席或喜酒，都在中午舉行，客語叫「食晝」，吃午餐的意思。我的美濃朋友提醒，登席絕不能遲到，因為都是十二點準時開始，而且節奏很快，菜一道一道出，像在打仗，四十分鐘左右，菜出完了，發塑膠袋打包，登席就結束，平常政治人物來講話，如果不了解美濃宴席的特色，只要遲到，大概就得唱空城計。

今天十一點四十分左右，人就坐滿了，國小孩子的歌舞表演完，十二點準時，鞭炮大作，一早六點就來準備的劉師傅團隊，工作人員馬上雙手抓著托盤走出，上頭放了四盤滷雞，由於座位很擠，工作人員得衝鋒陷陣，各桌很有默契的出手接菜，菜出完，工作人員馬上趕回去裝菜，再送往其他桌，如果送得慢，長輩就會開始碎碎念，太慢了，這樣怎麼來得及？

前面出菜緊張，後方廚房反而很沉穩，每道菜都已經準備好，堆積如山的小封、一長排的羊肉湯、酸菜、魷魚，劉師傅指揮若定，手也不得閒，一面舀熱湯淋在羊肉上，一面提醒出菜順序。先上滷雞，再來是大封，接著冬瓜封與高麗菜封，羊肉湯、酸菜、魷魚、小封、清蒸鮮魚，此時廚師開始炒薑絲大腸，一大盆滿滿的大腸，實在非常壯觀。上完炒木耳之後，薑絲大腸也跟著上桌。

每桌的人都邊吃邊聊，但是嘴巴跟手都沒停著，整個場地鬧哄哄很熱鬧。十二點四十分，冰品端上桌，登席已到尾聲，現場的人已經走了一大半，剩下的人幾乎都忙著打包。

我忙著拍照，沒認真吃飯，現場氣氛熱鬧興奮，看似兵荒馬亂，卻亂中有序，彷彿有種潛規則，外地人乍看會不知所措。這是美濃宴席的特色，出菜快，吃得快，打包快，迅速走人，不拖泥帶水。滿年福時節，正是雜糧作物、菸草的收成時刻，省下吃飯時間，大家下午才能繼續忙家務與農務。

我利用員工收拾餐桌時，又去找劉師傅，只見他用筷子專心在鍋裡挑肉，我好奇湊去瞧瞧，原來他在夾豬臉頰肉，得從骨頭中剔出來，他說這才是最細最好吃的地方，你們吃不到，這是我們工作人員的福利。

他夾了一片肉給我吃，果然很細嫩。劉師傅吆喝大家好好吃一頓，桌上是師傅特別留給大家的好菜，我看著有如打完一場仗的工作人員，擠在一起添飯夾菜，狼吞虎咽起來，劉師傅蹲在旁邊，笑得很開心。

這才是最棒的「幼席」。

細嫩的豬臉頰肉，特地留給登席工作人員享用。

如果你想品味美濃人的餐桌

- **阿招碗仔粄** 高雄市美濃區中正路一段34號（郵局斜對面）
- **湖美茵民宿** 早餐提供在地各式粄食 高雄市美濃區中山路二段782巷52號 (07)6817828
- **阿城粄條** 高雄市美濃區中山路二段412號
- **鍾媽媽家宴** 限三十人以下，需事先預約 高雄市美濃區廣林里朝元96號 (07)6814080

六龜人的餐桌故事

波瀾壯闊後的小桃源

清晨，沿著山林小溪行走，溪裡的石頭上浮盪著一層深綠色的植物，住在這裡的六龜荖濃里朋友稱為青苔，那瑪夏的卡那卡那富族則稱川苔或水綿。這是春天特有的食材，我們用樹枝撈起一大把溼滑黏稠如細絲的青苔，洗淨之後，在地人會拿來煎蛋煮湯。

我好奇他們怎麼會吃青苔？朋友說春天到了，只有乾淨的溪水才會滋生細嫩的青苔。我嚐了一口，味道淡淡的，滑溜溜的。

春天的氣息，彷彿就隱藏在青苔飽滿的青青秀色裡。

六龜人
的餐桌故事

我行其野的荖濃平埔

野菜、豆仔糫、地瓜糫、麻糬、燒酒雞與大滿，這幾樣食物都是荖濃平埔族在農曆九月十五舉行夜祭時，祭拜太祖的食材。

收起青苔，穿著背心與雨鞋的朋友問我，要不要吃山棕心？我抬頭張望，哪裡有山棕？只見朋友抽出腰間鐮刀，一溜煙爬上小坡，抓緊一棵黑茸茸像樹幹的植物，砍下樹葉長長的梗莖，再像削甘蔗般除去外皮，露出雪白的軀幹，再剝去外殼，出現一小節像甘蔗的嫩白心，吃起來脆脆甜甜，水分飽滿，除了生吃，還可以跟野菜一起煮湯。長在溪谷山麓潮溼地帶的山棕，葉子拿來當掃把，被稱為掃把樹，粗黑的棕毛，則是傳統農人蓑衣的材料，如果不經過仔細處理，很難想像外表粗獷的山棕骨子裡如此脆嫩好吃。

削山棕心。

我們回程一路認識野菜、採集野菜，山A菜、山芹菜、山柚、山茼蒿（當地人用閩南語稱捧彭英）、大花咸豐草（會黏人的鬼針草、恰查某），還有長著如黑色珍珠的甜甜小果實的龍葵。空手入山林卻採回滿滿一大把野菜，如果不是對在地環境很熟悉，這些恐怕都是一般人視而不見的過路雜草。

吃野菜、青苔與山棕心，你會以為來到原住民部落，但這個一千多人居住的茎濃里，卻又都講閩南語，還有一間拜觀音的清奉宮，乍看下就像是傳統的閩南村落，只是其中住著一個騷動的平埔老靈魂。

這個位在茎濃溪畔隆起河階地的村莊，其實超過三分之二的人口都是平埔族，是高雄最北端的平埔族聚落。茎濃人跟甲仙關山、小林的平埔族一樣，幾乎都來自台南玉井盆地的西拉雅族大武壠社。當年大武壠社翻過烏山山脈，沿著楠梓仙溪流域抵達甲仙定居，有些族人繼續前進，沿著茎濃溪往上走，停留在茎濃里的位置。儘管他們已被漢化，都使用閩南語，但仍維持公廨祭拜平埔族神靈太祖的傳統儀式。

龍葵結著甜甜的黑色小果實。

山茼蒿，土香氣十足的野菜。

今天是村裡的聚會，中午要張羅平埔族的傳統食材，除了野菜，還有粿（音ㄇㄞ），茎濃的粿跟甲仙關山以土豆、地瓜、香蕉為主的粿不同，他們加入「八月豆」，就是農曆五月種植、八月收成的各種豆子，他們會將豆子洗淨、晒乾後變成豆仔乾保存，除了煮豆仔乾排骨湯，還會與糯米拌炒成豆仔粿。

採完野菜後，先去走訪蓮霧園，六龜的蓮霧與金煌芒果都是知名物產，也是茎濃人主要農作。這個時節蓮霧剛開完花，開始結果，得利用時間包裹萌生的小蓮霧，不受蠅蟲騷擾，防止日晒雨淋。一個阿伯揹著一個五顏六色的布包，穿梭在果園中，將小巧可愛的青白色蓮霧一顆一顆給包起來，套袋底下有個透明膜，可以掀開觀察蓮霧的生長情況。

一棵低矮的蓮霧樹最多可以包兩百多個，整棵樹遠看像一隻隻白色大蝴蝶棲息在樹上，包蓮霧看似簡單，但阿伯一天得包三百斤的蓮霧，從早工作到晚，其實不輕鬆。我好奇阿伯身上的布袋怎麼會有字？他有點不好意思地說，這些都是選舉的旗幟，利用選後去搶旗幟，重新縫成布袋，因為重量輕，淋了雨也不會變重，非常好用。

擠大滿酒。

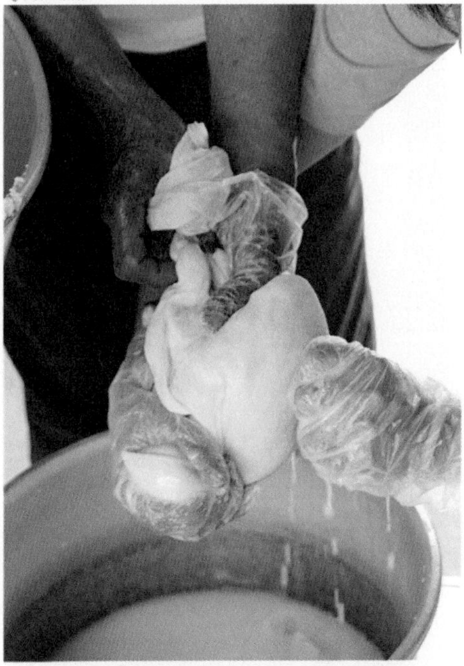

才休息一會兒，又開始忙著擠糯米酒，這是荖濃特產「大滿」酒，源於平埔族語地名發音的關係，大武壠社又稱為大滿族，我猜「大滿」酒應該跟大滿族有關聯。經過浸泡、加糖、加酵母發酵三天的糯米露，已經略帶酒香，現在要將糯米露裝在紗布裡擠壓過濾出汁液，裝滿桶之後、再發酵一、兩週，才是純正的大滿。

上：飽又醉，喝還沒過濾、帶著糯米粒的大滿酒。
下：酒糟餅。

我幫忙擠出濃稠雪白的汁液，這些裝在紗布裡、被擠乾的酒糟還有妙用，茎濃人會做成酒糟煎蛋，這是早年阿媽吃的早餐，冬天早上較冷，吃了酒糟煎蛋可以暖暖身子，被形容營養到都會流眼膏，但因為有酒味，小孩子覺得很苦，都不敢吃。另外酒糟加砂糖，還可以煎成焦焦的酒糟餅，也是飯後點心。

當然大滿才是重點，我喝了冰過的大滿，酸酸甜甜帶著酒香，朋友說還有一種「飽又醉」的喝法，就是喝沒有過濾、帶著糯米的大滿酒，又吃米又喝酒，一舉兩得。我當真就將還沒過濾的糯米露舀一杯來喝喝看，可以感受到米飯滑入喉間的感覺，很像在吃甜酒釀。

我在廚房進進出出，看大姐們先拌炒香菇、油蔥酥與豆仔乾，冒出油油的香氣，突然一陣喧嘩，原來是旁邊砍木頭的村民，從劈開的木材裡抓出幾條肥嘟嘟的蟲，一個大姐說這種肥蟲炸過後很好吃，問我要不要補充營養？我總得試試看，只要不生吃就好。炸過之後，撒點鹽，一口咬下，酥酥的帶點玉米香，滋味還不錯。

大姐的餡料已經炒好，接著把蒸熟的糯米飯倒下油鍋，用油鍋的餘溫將餡料與米飯拌均勻，她用力鏟著餡料與米飯，這一大鍋飯，加上大滿，應該會讓村民飽且醉才對。

午餐就是上午的各種炒野菜，味道清苦回甘，山茼蒿則裹麵粉去炸，呈現野菜天婦羅的酥脆口感。另外還有破布子煎蛋、檳榔心炒豬肉、樹豆排骨湯與三杯野蝸牛，當然加上一大鍋的豆仔糫，豆仔糫味道像油飯，油潤香濃，跟我在甲仙關山吃的花生糫很不同，關山的沒有加調味料，而是透過不斷灑水、大火蒸熟的方式，純粹品嚐清淡的米飯與

炒豆仔糫。

豆仔糫餡料豐富。

三杯野蝸牛。

野菜天婦羅。

豆仔糬。

花生香。

野菜、豆仔糬、地瓜糬、麻糬、燒酒雞與大滿，這幾樣食物都是茄濃平埔族在農曆九月十五舉行夜祭時，祭拜太祖的食材。大姐還用乾稻草製成頭環，點綴各種小野花，這是夜祭時跳舞的頭環。飯桌上眾長輩吃飽喝足了，開心之餘，開始唱歌跳舞，一位九十歲的阿媽也跟著起舞，毫不扭捏。吃完午餐、唱完歌，酒糟煎餅也上桌了，一口咬下，酒香中流淌熱騰騰的糖膏，糖香酒香交織，一旁住在高雄茂林的魯凱族朋友提到，他們的糯米酒糟會再加糯米粉與水，增加黏稠度，將酒糟揉成麵團狀，包入豬肉餡，搓成橢圓的鹹湯圓。餐桌上族群的交流，充滿樂趣。

茄濃雖然幾乎都是銀髮族，卻保有樂觀的青春能量，血液裡留著當年先祖一路遷徙的不安定靈魂。

我問地方長輩，茄濃這個名字的來源，他們笑著說，因為太愛這裡了，攏總留底這（閩南語），所以叫荖濃。這是個玩笑話，這裡其實原是個危險地帶。住在河谷河階地上的荖濃平埔族，過去得對抗山裡神出鬼沒的布農族的襲擊，也許因此產生團結的聚落向心力，加上位置偏僻，相對保持比較完整的平埔文化。像過去甲仙小林村的夜祭，因為中斷許久才重新復興，不少細節都得來荖濃取經詢問。

不只山裡有勁敵，變化莫測的荖濃溪，孕育生命，也帶來威脅。發源自玉山東麓、流路與楠梓仙溪平行的荖濃溪，兩條溪尚未合流成為高屏溪之前，荖濃溪已是長一百三十多公里、流域面積達一千多平方公里的南部重要河川。這條溪流從高山起跑，一路蜿蜒洶湧奔向高雄桃源與六龜，因為地勢崎嶇起伏，河流如鑿刀，將土地雕塑成陡崖、河階與縱谷，還未被稱為荖濃溪之前，布農族稱為「lakulaku」，意思是兇猛不定、令人敬畏之河。荖濃平埔族一定經歷無數次波瀾壯闊的磨練，才這麼樂天知命。

朋友摘了一些還沒成熟的土芒果，要做成土芒果青，沒想到端上桌時，酸酸的芒果青，竟然要沾用辣椒、蒜頭與醬油調成的沾醬，酸酸鹹鹹辣辣，各種滋味都有。或許，這就是「攏總留底這」的荖濃滋味吧。

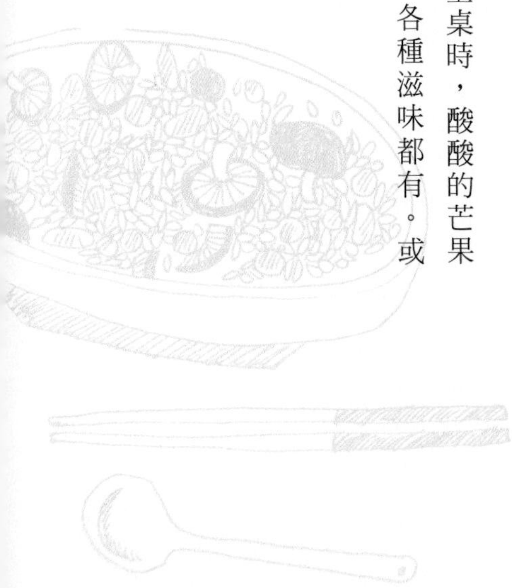

樣仔腳也有春天

經過村民努力，寶來現在又恢復昔日的面貌，
就像這個月桃葉便當，平淡中卻充滿讓人眷戀的純樸滋味。

距離荖濃不遠，寶來溪與荖濃溪交匯河階地的寶來里，以溫泉與泛舟聞名。這是個移民新生地，早年跟荖濃併成一村，後來才獨立出來。居民不少是從嘉義、雲林來此開墾，種竹種梅、樹薯或是撿油桐維生。隨著南橫公路的開通，帶動寶來溫泉與荖濃溪泛舟，成為全國知名的觀光重鎮，只是八八風災之後，南橫公路無法通聯到台東，遊客變少，或是不再停留過夜，寶來也就沉寂下來。

我在寶來樣仔腳社區，跟在地朋友秀蘭一起準備午餐便當，要去山裡走走。今天的菜色很豐富，有地瓜飯、滷肉、香菇、筍乾、菜脯蛋與一條鹹魚，我們用月桃葉包裹飯菜，我容易餓，包了兩個便當，秀蘭帶著一鍋豆仔乾排骨湯，一起上山欣賞風景。

上：在地朋友秀蘭準備便當。
下：豆仔乾排骨湯。

走在山的稜線上，眺望對面的山脈，金黃一片的景色，都是開花的芒果樹，荖濃溪圍繞山勢而行，曲曲折折。來

到一間賴家古厝，這是嘉義竹崎來的移民，在此種竹種梅，風災之後搬離此地，房內還有當年遺留的日曆，以及好幾甕未帶走的梅子，儘管人去樓空，梅樹依然盛放。

我打開便當，各種香氣包在一起，加上鹹魚與月桃香，特別下飯，一下子就吃完兩份，豆仔乾排骨湯顏色很深，以為味道會很鹹重，卻清淡不油膩。秀蘭的外公來自嘉義竹崎，因家鄉耕種土地有限，無法養活家人，就到寶來擔任打石匠跟搬運工。家人上山割筍時，都會用月桃葉包鹹魚與米飯當午餐。以前一條鹹魚得吃一個禮拜，他們都放在樹洞裡，上山的人再到樹洞取出鹹魚來配飯，曾經有個年輕人不知道狀況，竟把一整尾鹹魚吃光，被阿公痛罵一頓，秀蘭才知道生活的艱辛。

月桃葉便當，將各種香氣包在一起。

平凡的寶來，南橫開通後成為觀光之寶，曾開過民宿、經營泛舟生意的秀蘭，回憶當時生意好到只要有房間，就是客滿，滿到溢出來。只是造化弄人，風災讓寶來瞬間又回到原點。

朋友回憶，土石流與大水的雙重夾擊，讓居民四處奔逃，甚至得利用電線當繩索綁在卡車上，搭流籠逃離到對岸。當時物資缺乏，又沒電，餐廳業者都把食材搬出來做成流水席，讓居民自由取用，有一個養二十頭豬、八十多隻雞的村民，也決定把豬雞捐出來，聯繫居民請他們來抓，當時秀蘭住的區域路都毀壞，無法進出，她眼睜睜看著豬被五花大綁扛走，大家都在戶外烤肉，內心感到很無奈，只好每天吃炒筍乾與筍乾湯，長輩說吃到都要軟腳了。

經過村民努力，寶來現在又恢復昔日的面貌，只是沒有外在喧鬧聲，才有機會向內探索自己的特色。就像這個月桃葉便當，平淡中卻充滿讓人眷戀的純樸滋味。

這個社區在日治時期被取名為樣仔腳，因為附近有兩棵高聳的芒果樹，風災後，秀蘭、幾個社區朋友、婦女與藝術家重新整理荒地，成立「樣仔腳文化共享空間」的社區工坊，共同建立新家園。

早上我到社區工坊的菜園跟幾個媽媽採菜，小小菜園種了芋頭、龍鬚菜、彩椒、南瓜、玉米與醜豆，採完蔬菜，又用鐽子鬆開泥土，將小小圓圓的羊糞埋在土裡當肥料，希望芋頭長得又大又健壯。負責田間管理的大姐帶我們去竹林挖桂竹筍，細細的桂竹筍，才剛冒出五十公分的身軀，正是最鮮嫩的時刻，只見大姐爬下斜坡，張望一下，找到目標後，用手輕輕一扭一拔，桂竹筍就棄甲投降，大姐扛起桂竹筍就像肩槍一樣帥氣。

來自嘉義竹崎的大姐，已經在寶來定居三十多年，一開始是種橘子，後來成為餐廳老闆娘，現在生意平淡，就加入社區工坊負責種菜。採完桂竹筍，她說要送我一個神祕禮物，拿出一顆用桂竹筍殼包的粽子，打

左：用筍殼包的鹼粽。
右：剛出土的鮮嫩桂竹筍。

輕輕一扭一拔，桂竹筍就棄甲投降。

開一看，是我喜歡的鹼粽，配上糖粉，三兩下就吃完了，大姐笑眯眯的說，這是獎勵我認真工作的禮物。

回到工坊，大夥開始忙碌，起火的起火，洗菜的起菜，幾小時後，社區媽媽料理的好菜紛紛上桌。

廚房大灶用木柴點燃，燒出古早味。

剛採下的龍鬚菜，清炒配上皮蛋與枸杞，樣子可口討喜。新鮮桂竹筍，只用豆豉拌炒一下，簡單的好味道，烤桂竹筍配上寶來特有的梅子醬，又展現另種酸甜滋味。六龜的特產蓮霧切丁，加上核桃、黃椒、紅椒丁，及細細的蝦鬆，用生菜包起來吃，有著特別的脆度與甜度。傳統的脆筍爌肉，油油亮亮的，這是用工坊的大灶，以傳統方式料理而成，肉都滷到入口即化的軟爛。還有一道現採的醜豆三吃，酥炸、梅醬涼拌與清炒，讓平凡的醜豆呈現豐富的口感。社區共同打造的窯烤爐，除了烤麵包，也烤披薩，每樣食材幾乎都來自社區經營的菜園。

聽著社區媽媽說菜，沉穩有自信，他們用植物染裝飾布置，讓整個空間明亮豔麗。朋友指著用一年時間建造出來的大灶，雖然生火很難，得要有耐心，負責規劃大灶與捏陶染布的李老師說，火苗持續到一個熱度就可燎原。許多人儘管被煙燻得痛哭流涕，卻是最難忘的回憶。

餐桌上的每道菜，都是他們小小的生命火種，還在燃燒，需要我們細心的呵護與支持。

烤桂竹筍沾梅醬。

蓮霧生菜蝦鬆。

烤披薩。

醜豆三吃。

巷子裡的無敵廚藝

走過生命幽谷、又遇到八八風災的衝擊，吳底更能與自然共存，樂觀的面對未來，觀光大街的繁華或沉寂，都不如巷裡的小桃源這麼自在。

中午走在寶來筆直的觀光大街，沒遇到幾個遊客，朋友說去吃碗素麵吧。素麵？我有些失望，不好意思婉拒朋友的盛情，拐個彎，往小巷走去，在一個掛著寶來茶坊的庭院前停下來，看起來不太像是餐廳。朋友推門進去，喊了幾聲，有一個戴著帽子的中年婦女從廚房探頭出來。我們坐在長廊隨意擺設的座位，朋友點了素肉燥麵，這位大姐隨即進入廚房煮麵。

「無敵的麵很厲害！」朋友讚嘆。我心裡犯嘀咕，只是一碗素麵，憑什麼無敵？一會兒，麵來了，還附碗藥膳湯。我仔細端詳，青菜、素肉燥與枸杞擺得乾乾淨淨，大大方方，我把麵拌一拌，吃了一大口，麵有咬勁，素肉燥有股淡香，鹹得恰到好處又不油膩，滿爽口，素肉燥是這碗麵的靈魂，沒有一般素菜餐廳的素料味，吸引我繼續吃第二口、第三口，一下子就吃完整碗麵，又喝完藥膳湯。

吳底大姐在廚房切杏鮑菇。

朋友看我低頭猛吃，微微一笑。我說，這碗麵實在太好吃了，還真的是無敵。大姐笑著走過來，問我還吃得習慣嗎？彼此介紹之後，才知道大姐叫吳底，是我聽錯了，但是吳底的素肉燥真的是無敵啊。大姐笑得很燦爛，問我要不要吃她的招牌炒飯，當然求之不得。我跟她進廚房，廚房很大很乾淨，大姐先用醬油、鹽巴炒飯，再放入素肉燥、紅蘿蔔，以及剛剪下、洗淨的香椿葉一起拌炒。

跟素麵不同，拌炒後的素肉燥、香椿跟飯已經交融在一起，更入味了，我邊吃邊問素肉燥的食材是什麼？為什麼這麼有味道？大姐拿出一瓶由高雄田寮的寺廟僧人自釀的豆麥醬油，說一切靠這瓶甜而不鹹膩的醬油，以及香菇、豆干、百頁與香椿，每天一定現炒新鮮的素肉燥，從不放隔夜。

六十多歲的吳底，隱身在巷弄裡，常年茹素，是虔誠的佛教徒，達賴喇嘛在八八風災之後，曾來高雄甲仙撫慰災民，地方人士特別邀請吳底為達賴喇嘛準備午餐，她一個人就能讓達賴喇嘛與四十個客人飽餐一頓。我很好奇吳底的料理功夫與故事，約好時間再來，希望嚐到達賴喇嘛當年吃的料理。

隔了幾天，我一大早就來找吳底大姐。從台北搬到寶來、開小餐廳二十多年的大姐，一面切菜備料一面聊起往事。她住在雲林元長鄉，家裡務農，十多歲就帶著八十塊錢流浪到台北找工作，到泰山鄉芭比娃娃工廠當操作員，每天站著工作十二小時，存了一筆錢，再去台北後車站的太原路學做衣服，最後開設成衣加工的代工廠。她的先生也做紡織業，經常帶朋友回家吃飯，她就得去張羅料理，慢慢練就一身廚藝。

因為長期工作的壓力，每天疲累到眼睛都睜不開了，還是得加班趕工，最後身體出狀況，她選擇隱居鄉間養身，來到寶來，改吃素，每天泡湯，呼吸新鮮空氣，身體改善了，也開了素菜餐廳養活自己。吳底的客人都是附近熟客，有時包便當，有時來這裡吃麵，有時做外燴，但她大部分的時間都在務農與生活，小餐廳只是一個跟外界的溝通方式。

吳底的料理很簡單，一道蒸南瓜，鍋子加水稍微淹過南瓜，先放一點砂糖、醬料、淋上醬油，一直燜煮到乾，讓南瓜口感軟爛且能完全入味。炒杏鮑菇，先用薑爆香，淋上北港麻油、現摘的九層塔、香椿與米酒，起鍋之後，薑、麻油、九層塔、香椿與米酒五種味道，都融合在杏鮑菇裡，真是五味並陳。青菜也是燜熟，而非汆燙，再淋上素肉燥，滋味就很豐富。炒米粉做法類似炒飯，米粉放入醬油、鹽、素肉燥、紅蘿蔔與現摘香椿一起拌炒而成。

最後的重頭戲當然是素肉燥的製作過程，

無敵的素肉燥麵！

炒杏鮑菇（左）與炒飯（右），加入素肉燥，就提高了味覺層次。

吳底先用花生油炸香菇，再來是炸豆干丁，接著倒入無敵醬油、鹽一直拌炒，關火後再撒下切得細碎的新鮮香椿，讓食材完全入味，就是每日新鮮的素肉燥。看起來簡單，卻是吳底最無敵的廚藝之道。

走過生命幽谷、又遇到八八風災的衝擊，吳底更能與自然共存，樂觀的面對未來，觀光大街的繁華或沉寂，都不如巷裡的小桃源這麼自在。

離開寶來，越過荖濃溪，我想起一個村民語重心長的話，他曾看到荖濃溪裡的苦花魚被沖到下游，仍逆游而上，彷彿是想回到上游老家。他們習慣家鄉的生活，即使已山窮水盡，仍不想放棄離開，要當回流的苦花，而不是隨波逐流的葉子。河的那端是故鄉，他們要帶著記憶跟希望，重新為河而生。

如果你想品味六龜人的餐桌

- **荖濃夜祭與平埔美食體驗** 可洽詢高雄市荖濃平埔文化永續發展協會 (07)6883061
- **檨仔腳文化共享空間** 高雄市六龜區寶來里檨仔腳32-8號 (07)6883651
- **寶來茶坊（吳底的餐廳）** 高雄市六龜區寶來里二巷28之3號 (07)6882619

甲仙人的餐桌故事

移民鄉愁與平埔滋味

晚上八點，甲仙街上的商家燈火，一個一個睡去，馬路一片漆黑，只有遠方的甲仙大橋醒著，綻放絢麗色彩。八八風災讓南橫公路中斷，原本是南橫要道的甲仙，生意也不若往昔，有人打趣說，即使睡在馬路上，也不會被車撞。

這個山中小城看似蕭瑟，沒太多資源，我有些擔心，隔天早上可以吃些什麼，只有吐司三明治嗎？甲仙朋友要我別擔心，附近有條早餐街，小地方還有早餐街？我半信半疑。

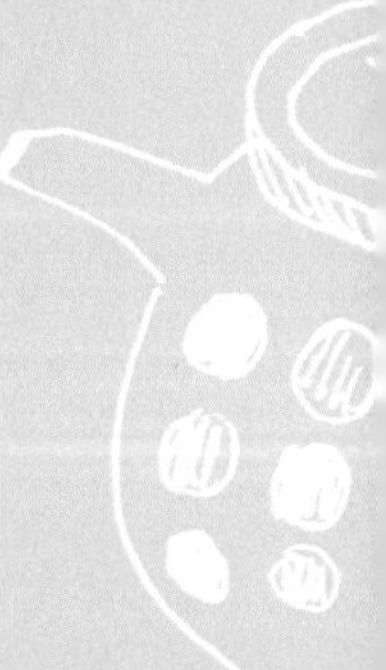

甲仙人
的餐桌故事

甲仙早餐街，豪邁台哥麵

老闆娘將煮熟的麵依序淋上豬油、麻醬與滷肉，好豪邁的一大碗麵！

清晨七點半，我走在兩條垂直交錯各五十公尺的街道上，人聲摩托車聲相互激盪，充滿生氣，路旁有店家與小攤，賣麵包吐司漢堡、刈包小籠包煎餃、肉圓與麵線糊。不少國中生、民眾聚集在各攤買餐點，原來這就是早餐街。

我在一個小攤買蔬菜煎餅，這個包了滿溢高麗菜絲的一大片厚餅，熱熱餅皮嚼起來還帶著甜味。我邊走邊吃，經過一台賣菜的小貨車，幾個老人聚著聊天。「少年ㄟ，你來這裡做什麼？」老人們看我帶著相機閒晃，十分好奇。「我來走走，來照相。」「我們這裡什麼都沒有，要拍什麼？」

我笑笑沒回答，經過一個賣自助餐、滷肉雞絲飯與海產粥的小店，看起來滿吸引人，決定進去嚐嚐看。清晨五點半就開店的小攤，也有三十多年歷史了，阿婆將蝦仁、蚵仔、虱目魚片與飯放入碗公，用大勺淋上熱湯，霎時熱氣瀰漫。海產粥視覺飽滿豐富，吃起來熱呼呼，味覺都甦醒過來，滷肉雞絲飯的肉滷得很透很肥嫩，雞絲也不乾硬、順口入味。阿婆說，過陣子七月竹筍盛產時，他們得關店三個月，上山採麻竹筍，再將筍子醃漬保存。「生意怎麼辦？」「我們是做山的，大家都習慣了。」

另一天，我在早餐街看到一間沒有招牌的麵店，裡頭坐滿客人，有在地人、也有鄰近那瑪夏的布農族，我只能坐在門口小桌，點了麻醬麵與餛飩湯。工作檯上有三個圓桶，各裝了豬油、麻醬與滷肉，操南洋口音的老闆娘將煮熟的麵依序淋上豬油、麻醬與滷肉，好豪邁的一大碗麵，讓我顧不得已經飽足的胃，趕緊把醬料拌勻，大口吃麵。豬油又膩又香，很有古早味，接著餛飩湯上桌，湯裡浮著八顆胖圓的餛飩，分量也頗驚人。

上：滷肉雞絲飯。
下：甲仙早餐街上的蔬菜煎餅。

店裡人來人往，也有不少人騎車來外帶，我問在地朋友生意怎麼這麼好？大家都用閩南語稱麵店叫「台哥麵」，因為淋上豬油，讓做山的人吃了有飽足感，加上生意好，筷套、衛生紙掉滿地，桌子也油膩膩的，第一代老闆娘忙到無法清理，才被稱為「台哥」，不只在地人愛吃，更是甲仙遊子回鄉必來報到之地。「伊ㄟ麵就是油！」生意看似忙亂，老闆娘邊煮麵邊說好好好，卻不會遺漏，就被稱為阿好姨。現在是接班的兒子與東埔寨媳婦在經營，店面也算乾淨，不再「台哥」了，媳婦說婆婆退休後每天仍負責買菜，材料新鮮，東西才好吃。

早餐街的形成跟甲仙物產有關。甲仙盛產梅與筍，農人一大早就得上山工作，沒時間準備早餐，都是到早餐店外帶，也把小孩載到店裡用餐，孩子們再走到學校上課。這種生活需求，形成早餐街的樣貌，即使八八風災過後，人口外移，修路的工程人員也仍來此用餐，還能維持一種熱鬧氣氛。

一個看似偏僻的小山城，光是早餐街就充滿驚喜，看來甲仙絕非只是路過之地，在商店街買買芋頭餅、芋粿當伴手禮便罷了，深入探索，才知道這裡的豐富精彩。

豪邁油香的台哥麵，已由第二代接手經營。

嘉雲巷瓜仔鬚

即使跟故鄉嘉義已隔萬重山，
但擺滿龍鬚菜、佛手瓜、醬筍與筍乾的嘉雲巷早餐桌，讓故鄉不再遙遠。

遠離鎮上，我來到關山社區的嘉雲巷，一處山林裡的清幽地。山中沒有一點手機訊號，彷彿將全世界隔絕在外頭。清晨五點，我醒過來，開門走到庭院。天空依然沉睡。冷風瞬間從四周滲來，身體不自覺打了哆嗦。突然看到前方黑暗處有點微光，忽明忽暗，一團黑影有節奏的跟著微光移動，我輕喊一聲，「賴大哥？」

「起床了喔？」黑暗中傳來他的聲音，微光朝我這邊照來，原來是他戴的頭燈。燈光又轉向，緩緩移動，穿過黑壓壓的龍鬚菜田。菜叢輕輕發出聲響。光線一路往我這兒飄來。暗色中，藉著光線，我看清楚賴雲禎大哥的模樣，長袖襯衫，鴨舌帽，揹一個大籮筐。

他卸下籮筐，裡頭擺放二十把剛採好，用橡皮筋束綁的龍鬚菜，頭燈照射下，像一列立正站好的士兵。我想像著，黑暗中，一盞孤燈，賴大哥像高深莫測的武林高手，微光一點綴到葉面，食指與拇指如落葉飛花，瞬間攫走藤蔓綻放的精華。這是他四十年如一日練成的工夫。

龍鬚菜。

嘉雲巷賴大哥的龍鬚菜田。

這裡是海拔四百公尺的林班地，風霧漫漫，曙光微露，竹林高木忽隱忽現。溪水淙淙響起，遠處傳來幾聲山羌雄厚的低吼，靜靜幽幽。

這兒的地名很美，門牌地址寫著東阿里關嘉雲巷。日治時期嘉義梅山人與雲林海口人來此開墾樟腦，賴大哥的叔公就是受僱來此的腦丁。這條深山之巷，現在二十多戶幾乎都是梅山人，雲林人早已搬走。雲深不知處，同巷的每戶人家，彼此相隔也有幾百公尺。但這個山區又被在地人稱為班芝埔，班芝是平埔族稱呼木棉花的發音，木棉樹是平埔族的聖樹，來自台南的西拉雅族習慣以此樹為陌生地命名，由此可推想這裡曾是平埔族活躍之地。

賴大哥來自梅山瑞峰村，父親生意失敗，家鄉耕作面積又有限，決定舉家遷

徙到甲仙開墾。父母帶著當年七歲的賴大哥和他兩個兄弟，從竹崎搭火車到嘉義，轉往高雄，換車進旗山，再從旗山步行五小時才到這裡。他們靠種筍、芋頭、樹薯與薑維生，筍子在筍寮煮熟，再醃漬成筍乾，有人收購賣去日本，樹薯當年是豬雞飼料的主要原料。

種龍鬚菜是個巧合。日治時期，住在嘉義的日本人喜歡吃佛手瓜，用來煮味噌湯（佛手瓜是龍鬚菜的果實，扁葫蘆狀，紋路像手指細縫，在地人稱香瓜仔，佛手瓜幼藤長出的嫩芽細鬚，就是龍鬚菜，在地人稱瓜仔鬚），嘉義開始流行種龍鬚菜，主要是取瓜不摘菜。梅山也跟著試種，但土地有限，並未大量生產。後來梅山人來甲仙班芝埔開墾，也把佛手瓜種子帶來，自種自吃。這裡氣候穩定，冷熱適中，群山圍繞，颱風不易進來，礫石土壤排水良好，比家鄉更適合種龍鬚菜。而且龍鬚菜並不需要農藥，只要水源充足、氣候溫和，四季都能茁壯生長。

四十年前，二十多歲的賴大哥決定專種龍鬚菜，慢慢有菜商進來收購，也吸引其他鄉親跟進栽種。嘉雲巷如佛手瓜的藤蔓不斷攀升牽引，從梅山翻山越嶺，綿延成一條深巷，變成重要的龍鬚菜產區。龍鬚菜生長速度快，只怕農人不夠勤快，兩三天不採，很快就老了。從中午到晚上，這裡一天有八輛盤商菜車進來收菜，每台車收一千五百把（一把十兩重）的龍鬚菜，一共要載出一萬兩千把，銷售到全台各地，現在嘉義的龍鬚菜，不少都是從這裡運過去。

清炒佛手瓜。

山中的嘉雲巷不易遭颱風，就算有狂風暴雨，龍鬚菜的藤蔓極為彈性柔軟，風吹即倒，葉片大，彼此相遮蔽，不易被折斷，即使遇到八八風災，聯外橋樑被淹沒，居民緊急搭座竹便橋，那個月風災拉高菜價，菜車群集在便橋另端守候，讓嘉雲巷的龍鬚菜仍能運送出去。

賴大嫂菊蘭姐早已張羅好早餐。餐桌上有地瓜稀飯、薑絲炒龍鬚菜、蒜頭清炒佛手瓜、醬筍煎蛋、筍乾湯，還有清炒筍德（沒晒過太陽，加鹽發酵，保存在塑膠袋的溼筍片，台語唸筍德）。現採龍鬚菜夠鮮嫩，只用薑絲提味清炒，就非常入口，似乎還能咀嚼到莖脈上的露水。前一晚吃菊蘭姐用黃豆醬快炒的龍鬚菜，味道又香又重，但跟早上的清炒龍鬚菜一比，就遜色了，除了現摘的更新鮮，清淡滋味更能呈現龍鬚菜本色。佛手瓜也沒什麼味道，經過蒜頭與鹽提香之後，口感像瓠瓜，但水分更飽滿更甜，菊蘭姐刻意切成厚片，滋潤多汁才過癮。

看似普通的醬筍煎蛋，入口後才湧現驚喜。酸鹹之味包在蛋裡頭，一開始只是蛋香，接著冒出酸香，如果運氣好，吃到一點點軟筍肉，更讓胃口大開。醬筍是甲仙人日常生活必備的醃漬物，竹筍切片後，用豆醬醃漬，放在罐子或桶子裡，用三個月時間，慢慢發酵到軟透，像酸酸嫩嫩的起司。可以配粥吃，也能當調味料，例如清蒸醬筍虱目魚，幾片薄醬筍，就能提魚鮮之味。賴大哥還拿了他用糖、甘草與豆醬醃漬的醬筍讓我試吃，口感甘甘的，配稀飯很爽口。

在農家吃早餐，格外愜意。

上：筍乾湯。
中：炒龍鬚菜。
下：醬筍煎蛋。

筍乾是另種味道。煮熟後的竹筍，晒過太陽成為筍乾，加鹽熬煮成筍乾湯，吃起來有股清香，彷彿能咀嚼到太陽的氣味。大片的筍德，是取自竹筍最嫩的尾端部位，稱為筍尾，先浸泡一夜，去除鹹味，切成粗粗長長的模樣，就是傳統客家封肉的最佳配角，酸酸的口感能去除豬肉的肥膩。單純吃清炒筍德，就是品嚐竹筍發酵的酸味跟纖維感。

各種醃筍的料理，讓餐桌充滿客家風味。其實掌廚的菊蘭姐就是苗栗大湖客家人，從移民歷程來看，不少嘉義山區的住民都是桃竹苗客家移民。而嘉義客家移民則跟樟腦產業有關，日治時期，日本積極推動樟腦產業，台灣跟日本是世界兩大樟腦產區，樟樹一開始以台灣北部較多，但逐漸被開採殆盡，加上北部地少人多、颱風與地震頻傳，影響農地耕作，當嘉義山區發現大量樟樹林之後，生存壓力與經濟動力促使北部客家人南移嘉義找生機，主要集中在嘉義山區的梅山、中埔、大埔、竹崎與番路。

靠山吃山，賴大哥從海拔一千公尺的瑞峰遷到海拔四百公尺的關山，即使跟故鄉嘉義已隔萬重山，但擺滿龍鬚菜、佛手瓜、醬筍與筍乾的嘉雲巷早餐桌，讓故鄉不再遙遠。

五里埔黑糖粥

將黑糖在熱粥裡拌勻，黑糖瞬間融化，糖香米香，甜在嘴裡，熱在心裡。

嘉雲巷有龍鬚菜，不遠處的五里埔則以黑糖出名。土地有九成都屬於山坡地的甲仙，五里埔是少數地勢相對平坦的河階台地，清代時被稱為五里埔，因為從埔頭到埔尾，大約五里長。這小塊區域是種植蔬果的好地方，一路上可以看到芭樂、芒果、甘蔗、芋頭與龍鬚菜，甲仙人說這裡種什麼都好吃。

十二月初，清晨八點，太陽微微露臉。我跟著善營大哥採甘蔗，他不用農藥與肥料，種的甘蔗比人高一點，只有一般甘蔗三分之一長。他找出成熟、外皮已是深土黃色的甘蔗。左手抓蔗身，彎腰放低重心，右手用短鋤頭使勁砍根部，刀面與蔗葉蔗身相觸，發出快速的沙沙聲，十分鐘後，已砍下十多根甘蔗。

他從腰間取出鐮刀，一根一根仔細削去表皮葉子、

素琴與善營兩夫妻準備種甘蔗。

善營大哥正在處理甘蔗。

鬚根。接著，刀起刀落，霎時將甘蔗砍成三截。他取出尼龍繩，綁好甘蔗，再用推車載回庭院，用清水沖洗蔗身，讓甘蔗清清爽爽。我跟善營大哥分工合作，將甘蔗一根接一根送入榨汁機攪榨。一下子，土黃色的甘蔗汁就流瀉出來，等裝滿一桶，抬去倒入一旁的鐵鍋。榨完的蔗皮沒浪費，又重新用榨汁機再壓一遍，讓甘蔗老老實實吐出殘餘價值，再將乾癟的蔗皮，放在田裡晒，當作土壤的肥料。

善營大哥蹲在爐子前，以龍眼木為柴火，用最天然的方式熬煮蔗漿。個子嬌小、嗓門洪亮的太太素琴姐，取出鐵勺、濾網在一旁等待。一會兒蔗汁煮沸冒泡了，她用鐵勺不斷攪拌蔗汁，使其受熱均勻，不產生泡沫，以免溢出去，不時用濾網撈去浮上來的雜質與黑渣，有時還用綁在木棍上的乾絲瓜布抹去鍋邊的殘渣。

素琴堅持用手工攪拌，才能感受鍋裡蹦蹦跳的蔗漿，哪邊比較鬆散，需要多攪幾次，哪邊比較緊，可以少出點力。平常只有他們夫妻兩人熬黑糖，一個人榨甘蔗，一個人顧爐火、攪蔗汁，非常忙碌，幾乎無法休息。我在一旁被爐火燻得直冒淚，素琴姐笑著說，來這裡都會感動到流眼淚。

充滿糖香米香的黑糖粥。

我已經餓到想流淚了。素琴姐看我工作勤奮，走進廚房準備午餐。半小時後，午餐上桌，桌上擺著拌黑糖的熱粥、佛手瓜清湯、放山雞蒸蛋、清炒龍鬚菜、醬筍燉排骨。善營大哥說平常工作沒胃口，只要黑糖拌熱粥，就能胃口大開，連吃好幾碗。素琴建議我將苦茶油與醬油拌勻，淋在白飯上，滋味更香甜。黑糖粥與苦茶油醬油拌飯，夫妻各有私房味。我將黑糖在熱粥裡拌勻，黑糖瞬間融化，糖香米香，甜在嘴裡，熱在心裡。接著吃苦茶油醬油拌飯。透過茶油香氣與醬油濃醇鹹味的交融，就能吃光一碗白飯。

這道午餐桌，藏著他們夫婦兩人的家鄉密碼。善營大哥是嘉義梅山瑞里人，海拔一千公尺的梅山，素以烏龍茶與高山甘蔗聞名，梅山香糖就是梅山的伴手好滋味。素琴姐來自嘉義番路鄉，那裡盛產苦茶油，難怪會招呼我吃苦茶油醬油拌飯。

日治時期嘉義成立大林糖廠，開始大量種植甘蔗這種經濟作物，位在深山的梅山，也種植甘蔗，但因為交通不便，栽種面積與產量有限，只能自給自足。高山甘蔗因為溫差大，生長環境較貧瘠，蔗糖風味層次反而更豐富。因為生活清苦，梅山朋友告訴我，他們都是用黑糖渣拌飯，母親如果奶水不夠，還會用黑糖水餵孩子。

快七十歲的善營大哥，身體清瘦硬朗，他父親在故鄉瑞里種稻、種杉木，但是海拔高，土地狹小，聽住在五里埔的親戚說，甲仙一帶能開墾的面積比較大，他十八歲時，父親帶全家人搭著運杉木的大卡車，一路從嘉義到台南玉井，再越過山頭來到甲仙。不過，他們來的算晚了，也只能到更深山、相對地勢平坦的五里埔開墾。

一九五九年因為八七水災的影響，素琴姐的番路家鄉土地流失，無法種竹筍，因為先來甲仙五里埔附近山區「禁地」開墾的親戚介紹（禁地是日治時期開墾樟腦時，被列為禁止進入的地方，現在取同音字錦地），她父親舉家遷來甲仙禁地，當時素琴姐才九歲。父親種竹筍、芋頭與地瓜，為了生活，每天要挑扁擔，扛番薯簽與芋頭，走路去甲仙鎮上販賣，一點一滴，累積安身立命的空間。

透過媒人介紹，素琴姐嫁給五里埔的善營大哥，跟著善營一起開墾，種稻、筍、梅、薑與龍鬚菜。災難促使他們離鄉背井，好不容易打下一些基礎，新故鄉的災禍又讓他們回到原點。

八八風災之後，山崩了，路塌了，素琴一家無法割筍與採梅，將近一年沒收入。素琴沒有太多怨懟，只淡淡說，是不是天公伯知道我們孩子大了，不用去割竹筍了，就把我們的山收回去。風災前，她開始思考什麼是對土地、對人永續友善的方式，身體力行不噴藥不施化肥，從事有機轉型。原本沒有種甘蔗，每次回梅山拜訪親人，善營的姐姐都會送自己做的黑糖，素琴喜歡那個味道，也想來試試看。

一年後，甘蔗收成了，黑糖不是焦掉，就是跟石頭一樣硬，因為他們沒有在梅山仔細研究製程，無法控制火候，只得請姐姐的孩子來教，不斷琢磨練習才大功告成，後來又遇到十幾隻山豬吃光他們數百斤的甘蔗，導致產量中斷，客人得等上一年，他們也只能一笑置之，重新開始，但是他們的甘蔗好吃到連山豬也瘋狂，更讓我好奇熬煮後的黑糖滋味？

吃完午飯，又繼續上工熬蔗糖。此時鍋裡的蔗漿非常濃稠，要更費力攪動。素琴招手要我到身旁，她拿了一個裝滿水的小鍋子，右手突然伸入灼熱的鍋中，熟練抓起濃稠的蔗漿，迅速放入小鍋內，快速冷卻凝固，拿起來時像個半透明的麥芽糖，這個軟硬度就是素琴判斷能否起鍋的依據。陽光照耀下，這塊軟糖格外晶瑩剔透，入口即化，毫不黏牙。

前後熬了四個半小時，金黃蔗汁已濃稠凝結，此時氣氛突然有點緊張，他們趕忙叫我閃開，素琴像個大力士，兩手用布端著滾燙的鍋子，將鍋子挪到一旁，夫婦開始用木鏟繼續大力攪拌。逐漸冷卻的蔗漿，越來越黏越來越稠，再倒入一個用牛皮紙鋪好的盤子上，以鏟子將其鋪勻。素琴姐從鍋底鏟下一些零碎的黑糖，這是最好吃的鍋巴糖，一大鍋才有這麼一丁點。我伸手去抓，果然又燙又香，放在嘴中有如躍動的舞孃。二十分鐘後，阿姐用刀子將凝結的土黃色黑糖劃成橫豎的格狀，她很隨性，格線歪七扭八，跟她個性一樣，不拘小節。

再冷卻一陣子，最後把整盤黑糖翻過來，我幫忙剝成一顆顆黑糖，邊剝邊偷吃，手指頭感受黑糖餘溫，口裡、手裡都暖暖甜甜的。剛剛砍下的一百一十斤甘蔗，榨出五十七斤的蔗汁，再經四個半小時的熬煮，只留下十三斤珍貴的黑糖精華。土黃色的黑糖看似粗獷，卻是營養象徵。甘蔗粗製後，產生黑糖，精製程度比較低，保留不少礦物質及維生素，再繼續提煉精製，就會產生白砂糖與冰糖，但這兩者卻沒有黑糖最初的養分。

從榨蔗汁到熬黑糖的製作過程，每道手續都馬虎不得。

由於台糖已幾乎不製糖，除了虎尾與善化糖廠仍在運作，其他都改成觀光工廠，大部分的糖都是從越南進口，嚐不到台灣四季變化的飽滿風土。在甲仙吃到小農自製的手工黑糖，實在是奢侈的幸福。

過幾天，他們在田裡種甘蔗，善營大哥先丈量田畦距離，再用機器犁田，素琴姐在一旁準備蔗種。我好奇蔗種的模樣，原來就是削去葉子的甘蔗，甘蔗一節節突起處，會冒出小小的蔗苗，埋在土裡後就會發芽長大。素琴姐用耙子鬆土，叫我也來試試怎麼種甘蔗。她走在前面示範，將一截截甘蔗依序直放在田畦裡，然後用腳背將兩邊高起的泥土鏟下，滿滿的覆蓋在甘蔗上。踏在泥土上的感覺很舒服，我一路用腳背劃土、覆土，總算把一排甘蔗給種完。

善營大哥招招手叫我休息一下，他倒了一杯深色飲料，說「沒祕密喔」，憨厚的他竟出現捉狹神情。我好奇的喝了一口，又酸又甜又醇，是酸梅與蜂蜜的味道。他說，這是用浸泡在蜂蜜裡的酸梅熬的梅汁，叫「梅蜜蜜」。

又酸又甜的真滋味，不就是善營與素琴的生命寫照？跋山涉水來到異鄉打拚，遭遇風災的打擊，卻又默默站起，重建家園。我暗自對土裡的蔗苗說，明年此時，我將來採收親「腳」種下的甘蔗，再暢飲我們的梅蜜蜜。

䊦的流浪者之歌

兩種很古早味的糯米飯，無油無肉無其他調味料，可以想見平埔族簡樸風格。

嘉雲巷與五里埔的嘉義人，從故鄉帶來竹筍、龍鬚菜與黑糖。嘉雲巷與五里埔這兩個小地方，分別屬於關山與小林村，是甲仙兩個重要的平埔族聚落，儘管都被漢化了，還能維持完整聚落，特有的族群飲食，仍傳唱祖先的流浪者之歌。

三百年前，他們是深居在台南玉井盆地的西拉雅族大武壠社，由於受到漢人在台南屯墾的壓迫，需要找尋遷移之地，何處才是安居的新故鄉？讓這群習於農耕與狩獵的族群費盡心思。

玉井盆地的東北方是曾文溪上游，沿岸都是狹窄的河階台地，地質貧瘠不適合農耕，北方又是從台南沿海退移的西拉雅族新港社，東部更充滿危險，得面臨強悍的高山族卡那卡那富族的威脅（定居現在的那瑪夏，以前稱南鄒族），於是他們把目光放到東南方，那裡是楠梓仙溪與荖濃溪流域的中游（現在的甲仙、杉林與六龜一帶），有山有水有河谷埔地，適合農耕與狩獵，也許就是部族未來的長久棲息地吧。

清乾隆九年（西元一七四四年），他們攜家帶眷，帶著耕具與武器，懷著不安與憧憬，越過烏山山脈，移入兩溪流域，由南往北建立了瓠仔寮、甲仙埔與阿里關等聚

整理鼠麴草。

落。阿里關最靠近深山的卡那卡那富族，成為平埔族、漢人與高山族的交界地，不僅是武裝的邊境，也是貿易中心，高山族用鹿肉、鹿皮、鹿角、羌皮與藤，交換漢人的絲織品、家具、裁縫、農具、醫藥與日用品。

一九〇五年，日本人在甲仙東北方山區發現大量的樟樹林，為了開墾樟腦，採用「以蕃制蕃」的政策，將原本定居在阿里關的平埔族，以及周圍鄉鎮的散居平埔族，集體遷到甲仙最東北的河谷地與五里埔，負責保護採樟腦的客家人，防止被高山族出草襲擊，相傳遷移管理者是叫小林的日本警察，這裡就被命名為小林聚落。

阿里關就是現在的關山。這裡都是山坡地，房屋沿著坡地一層一層往上交錯，社區幾乎都是老人、孩童與外籍配偶。村落很安靜，原本的中興國小也被廢校，荒蕪一片，讓這個村落更加安靜。

清早，我來到關山社區活動中心，門口有五位伯母坐在椅子上，邊聊天邊整理鼠麴草，摘下嫩葉嫩莖，這是清明時節的野地春草，黃麴色的小巧花瓣很靈巧，種子隨風飄散落地，四處生長。關山平埔族在春夏交替時節，會用鼠麴草做成的鼠殼粿（刺殼粿、草仔粿）做為應景食物。

伯母們正在聊天，她們皮膚黝黑，五官深邃，這是平埔血統的象

鼠殼粿的餡料很豐富。

徵，雖然講閩南語，卻有種獨特腔調。說著說著，越講越開心，卻出現我聽不太懂的語言，摻雜著閩南語，尾音重複，一搭一唱，好像在開玩笑似的。在地朋友說，她們在講「香蕉白仔話」。這是獨特的平埔密語。日治時期，平埔族為了防止日本人知道他們在說什麼，每句話就兩個字兩個字重複，並改變音調，現在會講香蕉白仔話的人也不多了。我請長輩們解釋聊天內容，她們笑著說只是在聊家裡的小貓小狗，哪一隻長大了，哪一隻很頑皮。

我往山坡上的村落走去，進入一個小宅院。陽光下，庭院晒著兩籮筐的鼠麴草。我看到七十歲、背微駝的阿吉伯，正在一個大灶前添柴火，鍋子冒著熱騰騰的水氣，他掀開鍋蓋灑水，用隔水蒸煮的方式蒸糯米飯，這是平埔族的主食糫（音ㄇㄞ）。浸泡一夜的糯米，先在大灶的蒸籠內蒸熟，阿吉伯要我嚐嚐糯米飯的原味，我抓起幾把，燙手燙口，但顆粒分明，充滿糯米的澱粉甜味。

接下來要做香蕉糫跟花生糫。做法是將香蕉與花生分開攪拌均勻，花生糫要加一點鹽提味，香蕉糫口感較甜，不用加糖，吃食材的原味。臉型飽滿福泰的阿吉嫂，來自小林村，糫的料理方式是跟母親學的。她掀開鍋蓋，水氣瀰漫中，她剝去香蕉皮，把一根根香蕉放在糯米上，接著把浸泡鹽水兩小時的花生，也均勻撒在另一半的糯米飯上，再灑上鹽水，蓋上鍋蓋。這鍋糯米飯，鋪著滿滿的花生跟香蕉，不知道煮熟後會是什麼模樣？十分鐘後，她又掀開鍋蓋，用兩根大木筷將熟軟的香蕉塊跟米飯拌勻，

阿吉嫂在做花生糭。

又灑一點水，再蓋上鍋蓋。製作糭需要兩小時，得不厭其煩的掀蓋灑水攪拌，才能讓米飯熟透Q彈。

阿吉嫂打開鍋蓋，用木筷再將糭拌一下，用手抓飯嚐了一口，點點頭，已熟透了。她盛了香蕉糭與花生糭讓我品嚐，平埔風味的糯米飯，不像閩南人料多豐富的油飯，又油又香。顆粒分明的糯米配上大顆大顆很有口感的花生，慢慢咀嚼，淡淡滋味，微鹹帶甜。黃黃的香蕉細絲藏在糯米中，散發香蕉糭的自然甜味，兩種很古早味的糯米飯，無油無肉無其他調味料，可以想見平埔族簡樸風格，除了花生、香蕉，還能加入地瓜、芋頭、番薯與南瓜的口味。

我彷彿也嚐到數百年前的平埔生活滋味。西元一七二二年（康熙六十一年）來台擔任巡台御史的黃叔璥，在《台海史槎錄》觀察大武壠社的飲食特色，「飯，漬米水中，經宿，雞鳴蒸熟。食時和以水。」日治時期，記載清代台南府風俗民情的《安平縣雜記》，提到平埔族祭祀神明的「糫」，是用「白米或禾米和荳炊之」，就是用糯米和雜糧煮炊而成。阿吉伯夫婦的糫料理過程，仍維持著與古籍記載相同的古法。

世居阿里關的阿吉伯，雖然姓陳，卻非本姓，早已不知原先的平埔姓氏，母語也被閩南語取代。《生命的尋路人》這本文化人類學的著作，談到世界上眾多語言消失的問題：「當你失去一種語言，就等於失去一種文化、一項智慧遺產、一件藝術品。」還好，即使平埔族的語言消失了，阿吉嫂煮糫、包鼠殼粿的動作，還是那麼溫柔細膩，想必從小就圍在母親身旁，耳濡目染學到這個技藝，也保留了族群百年的舌尖記憶。

花生糫。

香蕉糫。

家，沒了，但美蓮還有小小的新家與家人，在這塊小田地上，再一棵一棵，種回自信。

小林村雞角刺

三、四月時，在五里埔可以看到一大片盛放的紫色花球，周圍是尖尖綠綠的長形綠葉，葉面長得像帶刺、羽翼展開的翅膀，彷彿要帶著花球衝天而飛。這是雞角刺，小林平埔族最愛吃的食材。雞角刺有個好聽的本名玉山薊，這是台灣特有的植物，也是千元大鈔背面左下方，跟帝雉、玉山並列的植物。

民間認為雞角刺有保肝活血、抗氧化的功能。以往的小林村四周種滿雞角刺，小林人都是採收雞角刺的根，汆燙、洗淨之後再晒乾，功能有點像人蔘，可以煮雞湯，還能泡茶泡酒。小林女生坐月子會吃雞角刺燉雞湯，外鄉遊子返鄉，母親也會煮雞角刺排骨湯、雞湯來進補慰勞。風災讓小林村滅村，現在在離原址不遠處的五里埔重建的小林永久屋，家家戶戶庭院也種滿雞角刺。

跟素琴姐是鄰居，住在五里埔小林永久屋，皮膚黝黑、眼睛大大的美蓮，是小林村的平埔族。我在她家吃午餐，兩層樓的室內坪數不大，每層只有十四坪，逃出小林的美蓮姐一家十口，就分住兩棟。我們幾個人坐在廚房的飯廳，感到空間有些狹小。餐桌上的那鍋雞角刺很顯眼，還有嫩薑絲炒芥菜、醬筍煎吳郭魚與破布子煎蛋。

左：雞角刺燉雞湯。
右：雞角刺的葉子。

醬筍煎吳郭魚。

雞角刺雞湯料理不複雜，先將雞角刺放入鍋中煮二十分鐘，熬出味來，再放入雞肉燉煮，只加一點米酒，味道很清淡，如果啃雞角刺的根，帶點微苦，但是湯喝起來微甘中帶點香氣。醬筍煎吳郭魚與破布子煎蛋也是老味道。先將吳郭魚煎過，再放入醬筍一起煎煮過，讓醬筍的鹹酸味充分融在魚肉中，味道很爽口。破布子的鹹香與蛋香包在一起，雖然每吃一口蛋，就得吐一次籽，但是吃古早味，不能嫌麻煩。

這些家常菜，都是美蓮姐從小到大的家常菜，即使離開往昔的河谷地，來到嶄新的房子，小林滋味還是不變。她以前在小林山上種了幾十甲地的竹筍，清晨出門，一直工作到晚上才回家，一天得採收兩千斤的竹筍，搬到五里埔之後，沒有土地，只好租一甲地，種芭樂、百香果以及雞角刺。

滿山的筍，沒了，家，沒了，但美蓮還有小小的新家與家人，在這塊小田地上，再一棵一棵，種回自信。

如果你想品味甲仙人的餐桌

台哥麵店 高雄市甲仙區和安街34號

海產粥 高雄市甲仙區林森路上，甲仙郵局旁邊（林森路44號）

關山社區活動以及甲仙小旅行 請洽甲仙愛鄉協會（07)6754099

五里埔素琴姐黑糖 直接電洽素琴姐 0932898226

重新為河而生

春分三月，山中微寒，細雨濛濛。大清早我們搭乘四輪傳動吉普車，一路跳躍顛簸，吃力地行過石子路，穿越高過人身的草叢，爬上陡峭小坡，來到一處沿著山坡生長的梅林，上個月來這裡踏勘，枝頭一片素白，搖曳著冷豔嬌麗的暗香梅花，才隔一個半月，已是冰玉落盡，葉間梅子色青如豆。

記得曾讀過南宋范成大的〈梅譜〉，他認為梅是天下尤物，長在山間、水濱與荒寒清絕之地。

這次我來到高雄那瑪夏南沙魯里的布農族部落，這個位於楠梓仙溪畔的深山清絕之地，沒有踏雪尋梅的詩意，而是跟著族人在雨中穿梭，準備採摘一顆顆鮮翠尤物，要製成口齒生津的脆梅，這可是部落一年一度的生計大事。

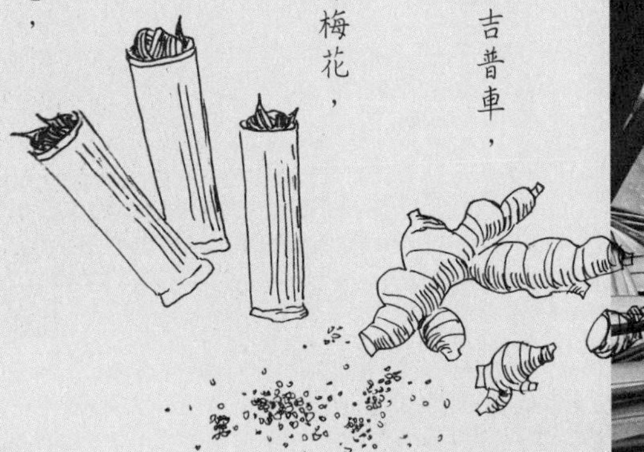

4
那瑪夏人
的餐桌故事

布農族的梅好生活

山上的生活雖然艱辛，卻自在愉快，麥坦兒說，這裡其實收留不少平地人，只要有山有土地，就一定不會餓肚子。

四月清明之前，七分熟的青梅適合做脆梅，酸甜爽脆帶著嚼勁，清明之後逐漸熟成的黃梅，則是釀酒釀醋，或做成散發醉人熟韻的Q梅。

我們在樹叢中撥開葉子，時而彎腰，時而舉頭，摘下一顆一顆青梅，裝在腰間的簍子裡，還得拭去臉上的雨水。布農媽媽麥坦兒眼明手快，已經裝滿了好幾簍，開始爬到樹上繼續摘梅，兩個高壯的兒子春成跟春福，緊跟在後。因為下雨路滑，又溼又冷，我們提早結束工作，今天大概採收了三十斤，以往工作一天，得帶回一百多斤的梅子，這是一個跟時間、天氣搏鬥的工作，如果不夠勤勞，等到青梅熟黃，就不能做成脆梅了。

回到家裡，我們一起整理梅子，先用粗鹽搓揉，去除梅子身上的細毛，大家再圍著桌子排排坐，用錘子快速敲打每顆梅子，使果身產生裂縫，接著浸泡鹽水兩小時，讓梅子吸飽鹽水，去除苦澀味，一般機器只是將梅子打個小孔，很難完全去澀。泡完鹽水，等到梅子顏色變黃了，再換山泉水泡足兩小時，最後用脫水機脫水，裝罐後注入調好的糖水，發酵一週，就成為清爽誘人的脆梅。

麥坦兒在春雨中採摘梅子。

部落的行動百貨公司。

南沙魯是那瑪夏到甲仙的進出要道，但除了我們敲梅子的聲音，整條街上很安靜，很少人走動。一台放著嘹亮台語歌的小貨車緩緩駛來，麥坦兒說部落的百貨公司來了，車上掛滿各種衣服，許多布農婦女走過來挑選，戴著原住民圖騰帽子的老闆開始介紹，彼此閒話家常。老闆是台南人，以前開女裝成衣店，現在則是環島開車賣衣服，他說如果不開車進來，部落婦女也很難外出買衣服。幾個婦女東挑西挑，沒有中意的，老闆看看沒生意，就繼續往山裡開。

沒多久，一台麵包車也出現了，這是從甲仙開來的麵包車，開車的是裕珍麵包店老闆娘厲君，她每隔一天就會從甲仙市區送麵包到關山、小林與那瑪夏三個村落的雜貨店，一趟車程來回要兩、三個小時，如果稍有延遲間斷，部落就沒有新鮮麵包吃。厲君她家送麵包到部落已有五十年的時間，以前是她父親負責，現在則是她接棒。

製梅空檔，麥坦兒趕緊張羅早餐。她用鹽與蒜頭清炒部落種的高麗菜，及佛手瓜炒雞內臟，再做一個菜脯煎蛋，炒一道自己醃漬的酸筍肉絲，配上地瓜稀飯。一旁朋友則坐著剝箭筍，他用一根未剝的箭筍當工具，纏住箭筍的尖頭，輕輕一繞就剝開筍殼。麥坦兒再用熱水汆燙一下，加肉絲、辣椒快炒，就是一盤嫩脆新鮮的箭筍大餐。

我們圍著爐火吃早餐，聊著剛剛採梅、製梅的趣事，這頓平凡的早餐，卻能撫慰勞上：麥坦兒炒高麗菜。中：佛手瓜炒雞內臟。下：菜脯煎蛋。

累溼寒的身軀，而且吃了好幾顆脆梅，開了胃，添了好幾碗稀飯，把桌上的菜都掃光。麥坦兒說，以前部落沒什麼物產，早餐都是稀飯配黑糖，或是泡麵配白飯，頂多煎一個荷包蛋，青菜炒內臟算是比較豐盛的早餐了。

雖然有部落口音，但是單眼皮、皮膚較白皙的麥坦兒，總覺得不太像粗壯黝黑的布農族，我問她是哪裡人，這個不經意的問題，竟帶出一段曲折的身世。她回答父母是平地人，住在台南麻豆。母親生了三個女兒，無力撫養，都送給別人，因為大姐常常跑回家，最後反而留在家裡。她年紀最小，滿週歲時，父母要大姐揹著她去送人，大姐邊走邊哭，背上的她可能也感到分離的氣氛，一路跟著嚎啕大哭。沒想到原本答應撫養的人反悔，只得幫忙詢問是否有人要收養，最後輾轉交給那瑪夏的布農族，就這樣從平地來到遙遠的山上，從漢人變成布農族。

年輕的麥坦兒在台中清水的紡織廠工作，原本要被做媒嫁到清水，後來她的布農族養父反對，她就回故鄉相親，嫁給同村的布農族。我問她曾找尋過麻豆的家人與生母嗎？她說布農哥哥曾建議她尋親，還幫忙去戶政事務所查詢，查到生母地址，她就真的去麻豆找到生母，只見母親一直不捨哭泣，她卻沒有太多感覺，也許母親當年為了生存，有不得已的理由，但骨肉分離的傷痛，卻讓麥坦兒對家庭有了更執著的堅持。

山上的生活雖然艱辛，卻自在愉快，麥坦兒說，這裡其實收留不少平地人，只要有山有土地，就一定不會餓肚子。她跟先生除了照顧兩個兒子，還要負擔四個小姑跟小叔的生活費與教育費，夫妻平日在山上工作，週末假日還得到高雄鳳山當板模工，才能維持家裡開銷。

八八風災後，地勢最低、離甲仙最近的南沙魯首當其衝，土石流淹沒許多家戶與那瑪夏行政中心，連公所、圖書館、農會都遭到侵襲，有個孩子看到土石流從山上沖刷下來，瞬間家屋就被淹沒，這個孩子幸運的被土石流推擠到對面二樓上。春福那時正在睡午覺，家人不在家，他趕緊跟著其他村民逃離現場，連人帶狗搭直升機遷到高雄燕巢工兵學校避難。這場土石流的嚴重程度，僅次於甲仙全村遭掩埋的小林村。當時待在村落的一百多人，有二十多人不幸罹難。

與我一起圍著爐火的南沙魯里長回憶，住在避難所的那五個月，度日如年，感覺在等死，不知道為了什麼而活，當時政府要蓋永久屋，將部落安置在高雄杉林，卻要他們簽署不得回原居住地蓋屋重建的切結書，因為南沙魯被視為需要放棄的險地。當時部落的人分成好幾派，有人驚恐地想遠離家園，有人舉棋不定，一百四十戶中，有十六戶、二十多名居民決定跟里長一起回到南沙魯重建家園。里長說，放棄南沙魯的土地，住在異鄉的永久屋，可能變成一無所有的乞丐，他只想把土地交給後代子孫。

整個部落就是自己的家，我們喜歡的不只是吃，而是在一起的感覺，即使只有吃麵條、罐頭跟水餃。

家在南沙魯

春福記得剛回來南沙魯時，整條街一片死寂，像戰爭剛結束一樣，沒水沒電，大家開始清理家屋，整理菜園，麥坦兒跟另個媽媽負責煮飯，大家有錢出錢有力出力，每晚共食，圍著爐火烤肉、吃地瓜、喝茶，討論部落未來。

原本麥坦兒的梅子都是分送鄰居朋友吃，風災後，家人思考如何讓梅子成為經濟產業，因為盤商採購價很低，他們決定自己採梅、製梅，推出「家在南沙魯」的品牌在網路上銷售，由於是無農藥、手摘與自產自銷，很快就打出知名度。我們邊工作邊吃梅子，口感酸脆，很有嚼勁，麥坦兒將梅子裝罐時，是用力將一顆顆脆梅填滿罐子，再倒入糖水，整罐六百公克的脆梅展現沉甸甸的誠意。

傍晚五點半，麥坦兒又開始炒菜煮

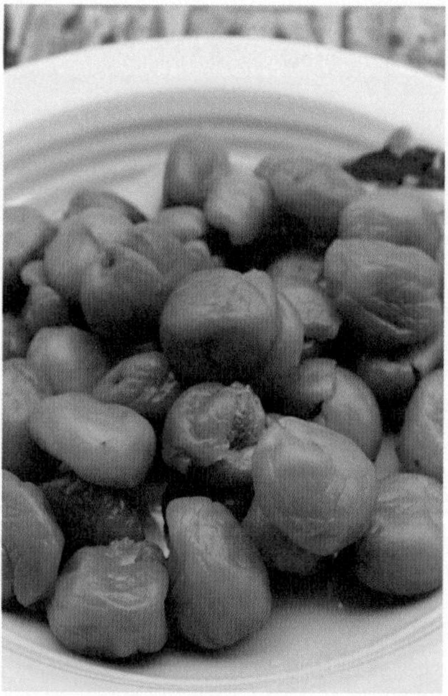

清爽誘人的脆梅，完全手工製作，已成部落期間限定商品。

南沙魯的街道，假日才會恢復一些人氣。

飯，春福則負責烤豬肉、烤魚，他將吳郭魚魚肚剖開，塞入辣椒與青蔥，再將魚身抹滿粗鹽，和豬肉一起烤。一小時後，晚餐上桌了，原本安靜的街道有了聲響，許多人不約而同走進來，拿起碗公裝飯夾菜，邊吃邊聊。

今天晚餐除了肥厚滴油的烤豬肉，重口味的嫩烤魚，清甜的高麗菜，以及口感像冰淇淋的紫地瓜，龍鬚菜汆燙後淋上醬油，比我在甲仙、六龜寶來吃到的還要嫩。佛手瓜絲煎蛋與龍葵炒薑絲也很入味，另外的白斬雞，沾醬很特別，加入野生的山芹菜、醬油、辣椒、檸檬、鹽與糖，多層次的重口麥坦兒準備晚餐。

味，讓雞肉滋味特別活潑。最後的樹豆排骨湯也是布農族很典型的湯品，切成大塊的厚排骨，加上樹豆清爽的味道，讓湯頭不會太油膩。

晚餐時間，可能是南沙魯一天最熱鬧的時刻。吃飽飯，大家靜靜的烤火，坐成一排望著無人的暗黑街道。「整個部落就是自己的家，我們喜歡的不只是吃，而是在一起的感覺，即使只有吃麵條、罐頭跟水餃。」里長語重心長。

麥坦兒可沒閒著，她在熬煮梅子醬，可以做成果醬，還提醒春福，明天要早起採梅，不能睡過頭了。只要家在南沙魯，一切努力都值得。

上：滷肉與佛手瓜絲煎蛋。下：共食的餐桌，菜色很豐盛。

卡那卡那富，為河而生

那瑪夏，這是在地原住民卡那卡那富族語，意思是河流經過的美好之地。

吳明益在《家離水邊那麼近》，以步行方式去體驗花蓮的溪流，他寫著：「一條溪可能不只是一條水的線條，她應該是一條獨特的生態系，飽含水分的地方史，一條美與殘酷的界線。」或許，這條發自玉山西南坡、標高二千七百公尺，流經那瑪夏全區的楠梓仙溪，對地方居民來說，就是一條飽含淚水與希望、美好與殘酷的溪流。

這裡在戰後有五十年的時間叫三民鄉，一個跟三民主義無關的原住民區域，有民族、民權與民生三個村，這個夾在阿里山與玉山間的遺世獨立之地，也許是孫中山在天之靈最想來的地方吧。三民鄉二〇〇八年更名為那瑪夏，是在地原住民卡那卡那富族語，意指河流經過的美好之地。據考「楠梓仙溪」之名也是源自同一字，只是當初因日語翻閩南語再譯為漢字，出現誤差。二〇〇九年此區遭莫拉克颱風重創，楠梓仙溪如暴怒之河，領著土石流大軍，讓居民流離失所，美好之地也支離破碎。

如今，天災已遠颺，南沙魯的布農族努力重建家園，另外還有一小群不到五百人的原住民，住在更接近阿里山的達卡努瓦里，仍在呼喊自己的名字，求索我是誰。他們不是南鄒族，也不是曹族，更不是布農族，而是卡那卡那富族。

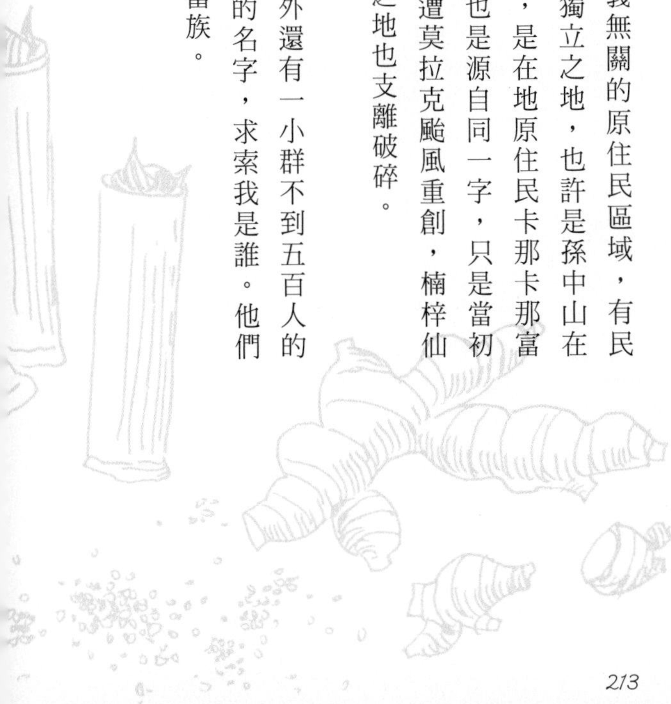

那瑪夏人口有三千多人，卡那卡那富族的比例不到六分之一，他們與布農族混居，彼此通婚，大部分人的母語都是布農族語。儘管生活密切，彼此仍知道是不同族群，體型、樣貌、服飾與飲食習慣都不同，布農族皮膚黝黑、體型矮壯，被卡那卡那富族開玩笑小腿跟大腿一樣粗，卡那卡那富族個兒雖不高，但身形修長，皮膚較白，鼻子高挺。日治時期，人類學家將他們歸屬在阿里山的曹族，後來曹族正名為鄒族，他們又被稱為南鄒，但跟鄒族的語言與生活習慣並不相通。一個卡那卡那富的朋友說，在家鄉，我們是存在的，離開家鄉之後，才知道這個族群並不存在。

其實他們一直與河共存，為河而生。

四月二十日清晨五點半，我站在楠梓仙溪河畔，河流滾滾湍急，流過石頭發生巨大聲響，天色尚未明亮，一群穿著紅衣、戴皮帽的男子緩緩走來，後面跟著十多位年輕人、頭頂著編織細密、直接覆蓋到臀部的山棕葉（卡那卡那富族的傳統雨衣），這是卡那卡那富族一年一度的河祭，祈求河神保佑平安，賜予族人無窮的魚蝦。

眾人站定後，只見將近八十歲的頭目翁坤，先將嚼碎的米粒倒入河中，再把酒倒在大石頭上，接著向天揮起漁網，又拿起茅草揮舞，用族語對著溪水講話，大意是告訴河中魚兒「快游啊，不要停」，再由身旁的長老拿漁網在溪流中撈魚，頭目對河神表達感謝之意，並回頭提醒族人，要祭拜河，要愛護河，不要向河索取太多，拿我們需要的就好。最後將酒、米、地瓜與茅草放在河邊大石上，眾人再走回岸上，圍著柴火

左：長老用漁網撈魚，象徵漁獲豐收。中：用酒、米、地瓜與茅草祭拜河神。右：頭目提醒族人要愛護河。

河祭的慶祝儀式中，族人牽手圍圈跳起舞蹈。

坐在一起唱歌，整個儀式很簡單，半小時就結束了。

中午河祭的慶祝儀式是在一個廣場舉行，現場用竹子高掛著魚與螃蟹的圖案，茅草屋周圍掛著山棕葉編成的雨衣用來遮陽，我掀開紗網走進廚房，幾個大姐正在切菜、烤肉、蒸地瓜、南瓜與包Tipi（地瓜、小米與糯米包成的飯糰），因為河鮮都是晚上現撈，數量有限，只有參加的部落貴賓可以吃魚，他們桌上就擺著地瓜、南瓜、烤肉跟一尾魚。大姐問我要不要先吃，我用手抓了她切好的幾塊烤肉，也吃了一個又大又圓的飯糰，很單純的小米與糯米香，再摻上一點點地瓜纖維。

河祭的午餐（從右上依順時鐘）：Tipi、魚、烤豬肉、地瓜。

魚肥蝦大綠川苔，一口老薑一口飯

用菜刀敲開塞著月桃葉的竹筒飯，要先咬一口老薑，又辛又辣，再用手抓飯沾鹽，一口吞下，鹹辛與米香交會，舌腔充滿強烈的氣味，十分過癮。

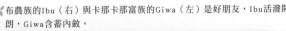

布農族的Ibu（右）與卡那卡那富族的Giwa（左）是好朋友，Ibu活潑開朗，Giwa含蓄內斂。

初來乍到，很難分辨布農族跟卡那卡那富族的差異，剛好布農族的朋友Ibu最近才吃了田鼠的生肝與蛇肉，還在回味那種滋味，卡那卡那富的朋友Wuba則面露驚恐，直言聽不下去，因為他們不吃蛇鼠。Ibu打趣說，布農族要打獵要耕種，很忙碌，沒時間做菜，通常是兩菜一湯，即龍葵與豬肉一起煮湯，撈起來，一道豬肉與一道龍葵野菜，再加上一鍋野菜肉湯，就能打發了，或是準備鯖魚罐頭，將佛手瓜切塊與罐頭一起熬煮，有菜有魚，也是兩菜一湯。

卡那卡那富族很重視食物的料理，除了吃野菜、吃肉，更喜愛河鮮，用烤蒸煮、加鹽與薑，呈現食物原味。Wuba說族人春天都會吃河裡的綠藻，也叫川苔，我們剛好經過小溪，他帶我走下橋，趴在石頭上，用一根樹枝輕輕撈起川苔，再慢慢將川苔捲起來，最後放在乾淨的手掌上，將水分捏乾，川苔的吃法很簡單，煮湯

上：卡那卡那富族在春天撈川苔煮食。
下：布農族的佛手瓜煮鯖魚罐頭快速料理。

時放入蝦、螃蟹、魚，以及鹽巴與老薑調味，起鍋前撈起魚蝦螃蟹，再放入川苔快速攪拌，就是一鍋河鮮濃湯。

卡那卡那富族的Giwa嫁到布農部落，一開始也不太習慣布農簡樸的飲食風格，她特別做了幾道卡那卡那富風味的食物招待我，桌上放了一盤小小的河魚，一個年輕人以側肩投球的姿勢，遠遠的對著這盤河魚，抓起一把鹽帥氣的丟撒到盤中，要讓鹽均勻布滿魚身。卡那卡那富族喜歡吃河魚，河魚煮七分熟就得撈起，煮太熟皮肉會碎爛，他們喜歡吃整隻河魚，像吹口琴般從刺最少的魚背吃起，邊吃邊吸汁液，發出啾啾的咀

上：空中撒鹽調味。
下：享用河魚。

嚼聲音，部落長老通常都能從容的吃完魚肉，留下完整的魚刺。我們請Giwa示範給我們看，她吃的滿乾淨整齊，卻一直說許久沒練習了，說起長輩的吃法，還有人連刺都可以吃下去。煮魚的湯，加上刺蔥葉與老薑，也變成一道簡單的湯品。

不像布農族是以家戶為單位，習慣單打獨鬥，卡那卡那富族重分享，捕魚一定是全村出動，再平均分配。他們會用毒藤來毒魚，做法是將魚藤根部剁碎，把流出的乳白汁液灑在水面上，魚被痲痹後會浮出水面，他們再收集漁獲，分配給村民。用毒藤捕獲的魚，不能馬上吃，要等毒性散掉才能食用。朋友說，有些小孩等不及，吃太多毒藤麻醉的魚，還會當場昏倒，得等上一小時才會甦醒。

除了水煮魚，另一道卡那卡那富傳統料理是烤竹筒飯，用菜刀敲開塞著月桃葉的竹筒飯，要先咬一口老薑，又辛又辣，再用手抓飯沾鹽，一口吞下，鹹辛與米香交會，舌腔充滿強烈的氣味，十分過癮。Giwa說吃薑可以增強能量、促進血液循環，族人會彼此傳遞老薑來配飯吃。卡那卡那富族也喜歡做年糕，又黏又香，常常取笑布農族做的年糕顆粒很多、不夠細密。他們有一道用山蘇葉包裹、一體成型的年糕叫「昂布樂格」，這是部落的分享包，互相餽贈，傳達祈福分享的心意，年糕內餡

烤竹筒飯。

蕗蕎與沾醬（梅子醬與辣醬）。

用山蘇葉包裹的年糕「昂布樂格」。

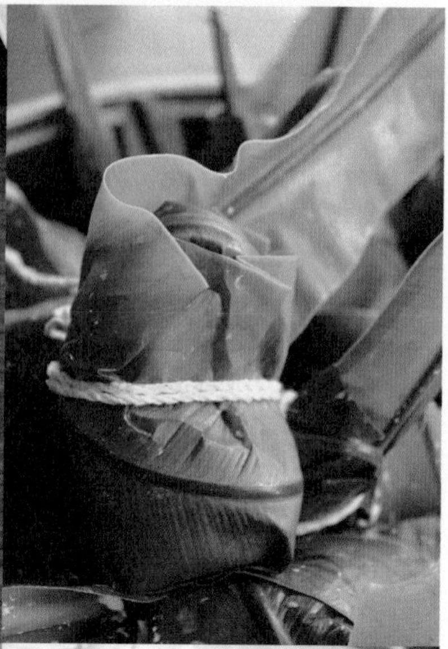

淑芳的小米粽風味餐。

才哥加了薑片的小米粽。

可以包豬肉、魚蝦，我吃到的是包豬肉，黏稠口感很像客家菜包，再配上山蘇嫩葉，是令人驚喜的主食。

卡那卡那富喜歡豐富多元的食材組合，即使是種小米或稻米的一小塊田，周圍也會種鳳梨、地瓜、小黃瓜與甘蔗，充分利用空間，布農族鄰居的田間工作總是匆匆來去，常常不能理解卡那卡那富族到底都在田裡忙什麼？Giwa端出一道俗稱山地蔥的蕗蕎，味道比蔥還要辛嗆，這可以當開胃菜，她調了兩碟醬料，一碟是自己做的梅醬，另一碟是醬油、小辣椒與刺蔥調成的醬料，前者酸酸甜甜，稍微中和了蕗蕎的嗆味，後者的辣味伴著刺蔥香，則讓蕗蕎的味道變得更鮮明。Giwa透過不同食材的醬料組合，豐富了蕗蕎原本單一的滋味。

那瑪夏也有排灣族的移民，他們的主食是炒過碾成細碎粒的芋頭粉，再包上豬肉餡，最後用假酸漿葉包起的奇那富，這是一種水煮的長方形粽子，奇那富也傳到卡那卡那富跟布農族的餐桌上。卡那卡那富也有一種小米粽（Savusavu），內容較細膩，以糯米與小米為主，再包入肥豬肉，裹上假酸漿葉，外面再包上月桃葉，我吃過曾在台北五星級飯店擔任主廚、卡那卡那富族的才哥，開了一家木之屋餐廳，他的小米粽還包了生薑，吃起來味道更重，但是層次更豐富，我滿喜歡吃的。另一位經營發拉斯工坊、也經營餐點的布農族淑芳，她的Savusavu更有創意，除了小米與糯米，還包上地瓜、酸菜、紅蘿蔔、佛手瓜與豬肉，加上假酸漿葉，最後再包裹清香的野薑花葉，吃起來香香甜甜，很有飽足感，也融入更多在地食材。

生命如河流，曲曲折折

也許是四處為家流浪慣了，生命如河流，曲曲折折，卡那卡那富族對食物才會有這麼多包容力。

在清朝乾隆九年（西元一七四四年）之前，楠梓仙溪中游的大片土地，一直是卡那卡那富的獵場與生活區域，當西拉雅族大武壟社受到漢人移民的壓力，逐漸從台南玉井盆地跨越烏山，來到杉林、甲仙，卡那卡那富族跟平埔族「易地而處」，把土地讓給平埔族，以甲仙阿里關（今關山）為番界，卡那卡那富族就退到楠梓仙溪上游、現在的那瑪夏區域，每年固定下山收租。

螃蟹是卡那卡那富族的重要象徵。

這個轉變過程並非完全順利和平，雙方有交戰有媾和，也因為族群的接觸，引發瘟疫，造成卡那卡那富族的人口大幅減少，他們沿著楠梓仙溪往山裡走，一路尋覓定居地，水流湍急深邃、潔淨豐沛，蘊含著肥魚大蝦與螃蟹，還有可口的綠藻，也許是定方向，或是感謝溪流的慷慨，他們一路上都為溪流取名字，也許也曾像後代的Wuba，趴在石頭上，用樹枝捲撈川

苔，用手掌捏乾後，與魚蝦蟹煮成一碗湯，有蛋白質有青蔬，鮮美的滋味撫慰長途跋涉的辛勞與彷徨。

終於來到河流旁兩岸的高處台地，背後的玉山山脈抵擋住東北季風的吹襲，又有乾淨水源，也是動物絕佳棲息地，這個幽深美麗之境，讓長老們鬆一口氣，不禁呼喊出那瑪夏，一個美好之地。為了感謝上天的賜予，溪流的滋養，部落以嚴肅虔敬之心，發展出河祭的儀式。也有其他族人不甘於留在那瑪夏，繼續橫越高山，經過六龜的荖濃溪，最後來到卑南溪流域上游、台東海端的利稻與霧鹿，傍著新武呂溪開展新天地。

這個漂泊的族群，總是命運多舛，遷徙到台東的族人，遇到了從南投、花蓮南下，擴張獵場領域的布農族。神出鬼沒的布農族被勁敵泰雅族稱為影子，這群只對抗過平埔族的卡那卡那富族，根本不是他們的對手，部落裡又有不少人罹患瘧疾，只得連夜撤退，翻過卑南山，沿著荖濃溪奔逃。布農族沒有放過他們，一路盯梢一路襲擊，最後卡那卡那富族退到楠梓仙溪畔，不諳水性的布農族從遠處監視，看到這群異族圍在一起生火時，竟吃著紅紅的炭火，其實那是烤紅的螃蟹，英勇的戰士嚇壞了，他們互相警告，這些是有靈力的敵人，不能殺光他們，否則會遭受天譴。

台東的布農族、卡那卡那富的長輩都記得這段故事，螃蟹成為民族救星，卡那卡那富也有另個傳說，傳說大鰻魚擋住了河道，引發大水，最後是英勇的螃蟹趕跑大鰻魚，大洪水才退去。每次提到螃蟹，卡那卡那富的朋友就會開心的說，那真是好吃的東西，但是我運氣不好，總是沒吃到。他們也講了一個笑話，一個卡那卡那富青年抓到山豬，經過一個山溝，看到滿地的螃蟹，於是將山豬放在一旁，抓了螃蟹，再去溪流撈川苔、捕魚蝦，回家煮成湯，再用香蕉與糯米做成麻糬（卡那卡那富語叫Bebe），以麻糬當湯匙去撈河鮮與川苔來吃，親友一起徹夜狂歡，卻忘了那頭丟在山溝旁的山豬。

重回楠梓仙溪之後，原以為可以享受寧靜生活，沒想到日治時期殖民政府為了管理布農族，半利誘半威脅將布農族從高山上遷下來，有部分人從台東海端遷到高雄桃源寶山，再慢慢移往那瑪夏，接著發生霧社事件與內本鹿大關山事件之後，台灣總督府用武力推行布農族的「集團移住」政策，更多的布農族集體來到那瑪夏，像南沙魯的布農族，就是從桃源輾轉遷來，落地生根。人為因素讓布農族成為外來的強勢族群，昔日宿敵竟融合在一起，讓卡那卡那富族的界限逐漸消失，連名字也跟其他族群混淆。

楠梓仙溪，卡那卡那富的河祭場地。

他們渴望找回自己，「你知道你是誰，你就是一個『人』。」卡那卡那富的朋友告訴我。

風災前，卡那卡那富就開始主張正名，不再是阿里山鄒族的分支，而有自己的名字，他們恢復沒落已久的米貢祭（小米祭）與河祭，藉由儀式找回共同的記憶。風災後，族人暫離家鄉避難，長老們先回到家鄉，依照傳統祭祀方式製作麻糬，再將象徵團結的麻糬帶下山，分享給族人，提醒大家，不要忘記那條河還在等待他們歸來。

那瑪夏的等待，美好之地的追尋，那瑪夏不是一個靜態的名詞，而是一個生命力的湧動。這條河充滿過去，也充滿未來，沒有螃蟹來幫忙打退大鰻魚了，只能靠自己，用嘹亮的歌聲，無比的信心，對世界說，我們就是卡那卡那富，我們就在那瑪夏。

月桃花在五月盛放。許多原住民傳統料理都少不了月桃葉，像是卡那卡那富的烤竹筒飯、小米粽等。

如果你想品味那瑪夏人的餐桌

南沙魯脆梅 可以上Facebook訂購

https://www.facebook.com/home.at.nansalu?fref=ts（家在南沙魯）

木之屋 這是卡那卡那富大廚才哥的餐廳，用在地食材搭配卡那卡那富傳統食物

高雄市那瑪夏區達卡努瓦里三鄰秀嶺巷225號 0932847644（需事先預約）

Giwa的私廚 訂餐需事先預約（十人以上），可以email預約 isbalidaf@gmail.com

神仙黑豬‧自在家宴

國姓人
的餐桌故事

傍晚，安靜的空間有了騷動。

一向溫馴的牠，突然產生警覺，頓時焦躁不安，四處竄動。

五名大漢走進來，慢慢走向牠，在主人溫柔的安撫下，大漢們抓住牠的四肢，

壓制在地上，再用繩索綁住四肢，防止亂動。

有人拿出鋸子迅速鋸下牠頭上巨大黝黑如粗樹枝的鹿茸，

牠的眼神驚恐，不斷發出哀鳴聲，一直想掙脫。

一會兒，一對鹿茸都被取下，

舉起來有如兩把黑色火炬、又像是天鵝絨製成的黑珊瑚。

水鹿頭上汩汩冒出的鮮血都以塑膠袋接住，再用線綁住傷口來止血，

眾人鬆手之後，牠立即站起，沒了巨角，失去原來的威武雄風，

模樣變得溫順，身體輕盈許多，活蹦亂跳地跑到一旁吃草。

國姓人
的餐桌故事

水鹿之鄉

這裡是南投國姓南港村，國姓素有水鹿之鄉之稱，全台豢養的水鹿七成都集中在國姓，南港村是主要產地。

那次原本是想來了解九二一大地震之後，鄉里重建的狀況，卻意外被帶來南港村看取鹿茸，令人大開眼界。

第一次看到取鹿茸，過程驚心動魄，一直擔心牠受到傷害。一旁的水鹿主人林大哥笑著要我別擔心，碩大鹿茸的重量其實會困擾雄鹿，就像長指甲一樣，如果不處理，長滿密毛的鹿茸最後還是會脫落，再長出鹿角。從三月到清明節，是鹿茸勃發的時刻，林大哥跟鄰居友人今天要取下五對鹿茸，忙完後，用火將鹿茸的密毛烤過去除，再用機器將鹿茸切成薄片。

我和一群人後來在林大哥家吃晚餐慶功，土雞、福菜肉片湯、炒筍乾與幾樣青菜，我們喝著用米酒浸泡鹿茸與新鮮鹿茸血的鹿茸酒，充滿中藥味，不難喝，但感覺有些燥熱，大家都說鹿茸酒能滋補身體、養顏美容，還有壯陽效果。為了讓鹿茸營養價值高，水鹿喝的泉水、吃的牧草都必須乾淨有品質，鹿茸才會長得大又健康，一天得餵食四餐，他們笑說比照顧自己的父母還用心。

隔天中午，去林大哥堂哥福海伯的家，在一個三合院老宅，光線昏黃的廳堂，擺了一桌筵席，桌上是大閹雞、炸溪魚與溪蝦、醬筍蒸魚、炒米粉、豬腳、客家小炒與青菜，來自台中沙鹿的中藥商已付錢買下鹿茸，鹿農的習俗就是擺一桌豐富大菜來請客。一對鹿茸估計七、八萬元，難怪福海伯堆滿笑容，頻頻勸酒吃菜，席間我們又喝下不少鹿茸酒。那兩天，大概是我身體最滋補的時光。

這是十多年前的往事了。現在興建了通往國姓更便捷的國道六號，一旁連綿不絕的九九峰，像青綠飛刀般又利又薄，一把接一把矗立在大地上。從將近六十公尺、有二十三層樓高的高架橋，居高臨下進入國姓交流道，有如飛龍在天，盤旋而下，越過烏溪河谷，降落在雲深不知處的國姓。這個交流道被許多人形容是最美的交流道，但國姓最美的地方，往往在不起眼之處。

這次重回南港村，見處處是牧草，午後細雨不斷，空氣中瀰漫著鹿的氣味，一個老農正砍著高聳牧草，整理好要帶回鹿舍餵食。走到南港村知名的百年林家古厝，不大的三合院，紅磚、淺藍色的窗櫺，充滿客家的傳統特色。接待的主人福海伯已滿頭白髮。我抬頭看看屋裡牆面掛的眾多匾額，有謝東閔、白崇禧等政要的名字，阿伯提起，當時文學家白先勇的父親白崇禧，為了入山打獵，還曾經借住在這裡。

跟福海伯聊起往事，他說百年前「阿太」（太祖）從新竹北埔帶家人移

南港村林家古厝，
可見傳統客家特色。

民來此，一開始以墾荒打獵為主，山豬、山羌與水鹿都被當飯吃，後來開始豢養水鹿，取鹿茸維生，才讓南港村慢慢成為水鹿之鄉，林家也不再吃水鹿了。當年的移墾家庭，開枝散葉成為百人大家族，吃飯都要擊鼓敲鐘，太祖母百歲生日時，席開三百桌，宰了二十八頭豬，成為地方津津樂道的故事。

國姓七成以上都是客家人，是南投唯一的客家鄉，但是在這裡傳統的客家文化痕跡其實並不明顯，鄉民幾乎都使用閩南語交談，他們說，只要有閩南人在，怕他們聽不懂，都習慣用閩南語溝通。只有在林家古厝裡與福海伯聊天，還有回味起當年他款待的鹿農客家宴席，才感受到國姓的客家氛圍。

鄉民主要是桃竹苗、甚至台中東勢的客家人，從事樟腦業、香茅與農業開墾為主，不像南部客家人的集體移民，有宗族組織保護，他們反而是為了生計四處移動的「散客」。一個朋友回憶，當年祖父是荷著鋤頭，在山頭挖起其祖父與父親的骨骸，分裝在兩個麻袋裡，抱著家裡的祖先牌位，從苗栗一路走到台中新社，越過古道，走著樟腦腦丁開墾的路線，來到國姓北港村定居。

國姓也是物產豐富的水果之鄉，盛產香蕉、芭樂、橄欖、梅子、龍眼、荔枝、枇杷、洛神與草莓，由於都送往埔里交易，外界以為是埔里特產。更深層的原因，在於國姓客家人的特質，為了求生存，市場要求什麼，他們就種什麼，也造成國姓物產雖然非常多元，卻不易塑造品牌特色。依同樣思維，就比較能理解國姓客家人在外都用閩南語溝通，在家裡才會說客家話的奇特現象。

北港黑豬賽神仙

豬吃村民吃剩的食物，村民再吃豬，這種模式就是依循以往農村的生活方式，加上神仙般的生活環境，令我好奇那是什麼夢幻神豬？

這次再來國姓，其實不是為了南港村的鹿茸，而是為國姓東北方北港村的夢幻豬而來。那天，我在北港村的朋友家吃到紅燒豬腳，滷得夠香夠透，肉質鬆軟不爛，皮厚而Q，充滿嚼勁，後來又端上一盤福菜香腸，福菜醃漬的香氣更散發在地客家人的口味。

北港村清澈的山泉水。

朋友提到豬肉好吃，是因為北港村自產的黑毛豬，我走到哪，都會聽到地方朋友聊到黑毛豬的話題。他們解釋，這是孕育一年以上的熟齡豬，只吃每天晚上七、八點到村民家裡搜集的廚餘，不添加其他飼料，豬肉幾乎供應給村民還不太夠，每天早上八點就賣光了，朋友語帶神祕，「牠們住的環境比我們還好，跟神仙一樣。」

豬吃村民吃剩的食物，村民再吃豬，這種模式就是依循以往農村的生活方式，加上神仙般的生活環境，令人好奇那是什麼夢幻神豬？央求朋友帶我找尋令人好奇的神仙寶地。我們去北港村街上找神仙豬達人王年國，一家三代都是肉販，年輕的他曾在台中的電子公司上班，為了繼承家業返鄉接班，現在是北港村唯一的豬肉販。

剛收攤、略為壯碩，穿著雨鞋的王年國有點害羞，他點點頭，要我們跟著他的小貨車走。沿著北港溪支流阿冷溪的方向前進，一路蜿蜒而上，路越來越小，越來越陡，我心想，豬怎麼可能住在這裡？這麼高這麼遠，沒想到小貨車還繼續前行。停好車，空氣很清新，帶點溼潤水氣，往上走，遠遠看到幾個有遮雨棚的木造屋舍，王年國隨手摘了野生牧草，還有一種叫鹿仔葉的野菜，要幫豬仔們加菜，豬農會將這些野菜與地瓜葉一起剁碎，再將煮過的廚餘淋下去，讓葉子熟透軟爛，補充豬群的營養。

大家在豬舍前停下來，周圍堆放許多木材，用來當加熱廚餘的柴火，沒聞到騷臭味，因為通風良好，豬農每天中午清洗豬舍、幫豬洗澡。一大群豬看到我們，有的繼續睡覺，有的探頭探腦，活力十足。王年國有個黑毛豬哲學，一般市面上是販售吃飼料的白毛豬，飼養半年體型就非常壯碩，能迅速出售，回收效率高；吃廚餘的黑毛豬，由於要四處搜集廚餘，豬農比較辛苦，而且廚餘熱量比飼料少，必須要養到一年以上，體型才夠大，花的成本高，回收又慢。

「口感Q，膠質多，也沒有摻雜抗生素、瘦肉精的問題。」王年國說，許多外地人一開始不會料理

夢幻神豬的家。

北港村的黑毛豬，因為肉比較扎實比較韌，需要比較長的熬煮時間。他沒事就是四處去看豬、挑豬，先預購下來，或是跟豬農交流，增長知識。他在父親嚴格訓練下，從體型、聲音與毛色就能判斷這頭豬的年齡與體型是否合格。

一般豬販只會去屠宰場買豬，但是王年國親力親為，挑到合適的豬之後，會抓豬回家再飼養一週，只餵麥片，改善體質。因為一次得抓十幾頭豬，每頭豬重達一百公斤，往往造成全身痠痛，甚至還會被豬咬，他就是要掌握每個流程的狀況，才能控制品質。他每天半夜起床工作，五點開市，到八點就賣完，他再去補眠，中午起床後，接著得洗豬欄、餵食麥片，工作辛苦，卻甘之如飴。做事這麼細心的人，難怪他的肉攤總是供不應求，開市三小時就銷售一空。

聽王年國講豬經真是津津有味，他說祖父是新竹北埔客家人，年輕時就移民來此，種香茅、樹薯、香蕉，市場流行什麼就種什麼，只為求生存，但收入總是起伏不定，一直到當豬販，供應村民好的食材，才慢慢安定下來。王年國也想專注於這份工作，堅持下去，他還研發福菜香腸，找客家阿婆醃漬福菜，放置一年後，讓福菜味道更香濃，再與黑毛豬結合灌成香腸，這是他的獨門祕方，也傳承北埔老家的故鄉味。

蘇東坡曾寫過一篇〈豬肉頌〉，文中有句話：「待他熟時莫催他，火候足時他自美。」意即豬肉慢慢煨燉，時候到了，自然味美醇厚，就像黑毛豬的飼養與料理，急不得，卻要用心思照料。

朋友推薦國姓老街上的東南美餐廳，可以吃到在地黑毛豬的料理。這家老餐廳，門口春聯是以剛勁的毛筆字揮毫，褪色的菜單也是用剛正毛筆字書寫而成，我點了朋友推薦的廣東滷味、鍋巴麵、油炸豬肩胛肉與福菜肉片湯。

先上桌的滷味拼盤，豆干、豬肝、豬舌、牛肉、臘腸與海帶，排得整整齊齊一絲不苟，還附上花生與泡菜，每樣滷味都很入味不乾澀。上了鍋巴麵，鐵鍋裡擺滿了龍鬚菜與肉絲，我以為上錯菜了，老闆娘建議先用筷子與湯勺拌一拌，我才發現肉與菜的下方，藏著酥酥硬硬的麵條，用湯勺切麵，卻感覺像切鬆軟的蛋糕，原來鍋巴麵外酥內軟，把肉菜拌勻之後，可同時享受酥脆與鬆軟兩種層次，難怪在地朋友會極力推薦。油炸豬肩胛肉是另個重頭戲，帶骨黑黝黝的豬胛肉，是取自豬的肩胛骨部位，每頭豬才兩根肩胛骨，十分珍貴，得先炸過再仔細滷，抓著骨頭邊啃邊吃很過癮，黑毛豬的口感就是有韌性，需要細細嚼，品味那種特別咬勁。

老闆娘玉蘭姐像個慈祥的媽媽，她先生鄒國璽是退伍軍人，一開始在國姓賣包子、豆漿等早餐，後來因為做菜好吃，朋友鼓勵他開餐廳，成為在地人聚餐的好去處。先生過世後，玉蘭姐跟女兒獨力經營這家餐廳，雖然賣的是先生的故鄉味，但仍吃得出在地食材特色。

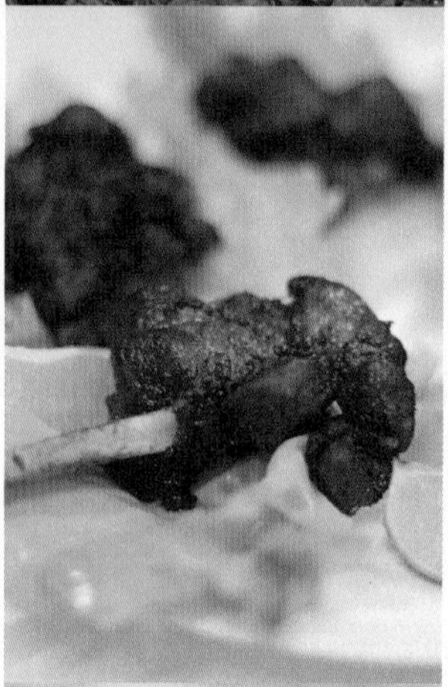

上：鍋巴麵。
中：油炸豬肩胛肉。
下：廣東滷味。

自在山莊，四哥家宴

朋友在北港溪畔有個自在山莊，莊主人稱四哥，每次來山莊，餐桌上的家常菜，就道盡國姓物產傳奇。

夾在埔里與草屯之間的國姓，一直不是知名觀光地。如果說，南投是台灣的地理中心、台灣的心臟，國姓可以說是南投的明珠。雖然一半是山坡地，耕種面積有限，但是土地沒開發，相對無汙染，晝夜溫差大，反而讓量少質精的物產更具風味。加上流經南投、台中與彰化，成為中部動脈的烏溪，上游是發源自合歡山的國姓北港溪與南港溪，水質冰涼清澈，更孕育風土活水。像梅子、橄欖、香蕉、芭樂、枇杷、草莓、棗子與洛神，隨著季節變化，豐富多元，更充滿客家小農精神。在地朋友們習慣這種山林生活，不四處張揚，更逍遙自在。

朋友在北港溪畔有個自在山莊，走過吊橋，潺潺溪水聲響不斷。門口一句對聯「秋山觀自在，春水探幽懷」，說出了莊主的田園歸隱心情。莊主人稱四哥，他是一個企業老闆，為了讓父親重回傳統三合院的田園生活，在北港村蓋了這個山莊，將父親從雲林接來此地重溫舊夢，安享天年。

四哥形容自己喜歡蒐集老東西，包括古董、老茶、老梅、老蘿蔔與老酒，在地朋友笑他，只要老的他都愛，「除了女人之外」。每次從台中返回山莊，四哥一定換上拖

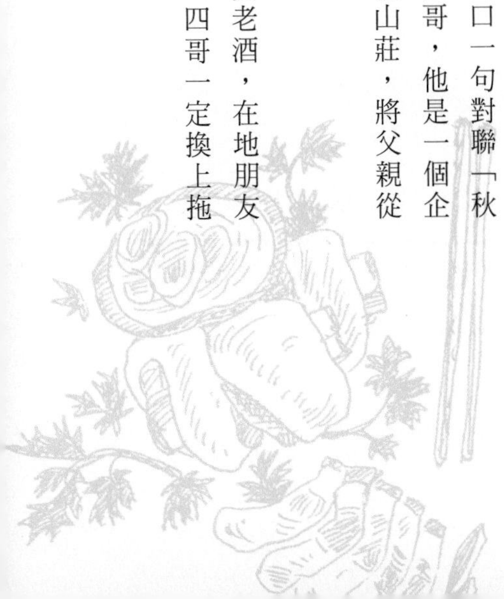

鞋，揹上相機，在山林四處走走。有一次發現家裡庭院樹上剛誕生幾隻小貓頭鷹，他竟徹夜未眠，只是為了拍攝這些可愛的貓頭鷹寶寶。

四哥的背景，也是一個流轉家族的故事。父親是彰化大城人，原本在彰化二林當醫生，愛上醫院院長的女兒，兩人擺脫大家族的壓力，來到雲林二崙落腳自力更生，當個自在的小鎮醫生，醫生得會十八般武藝，不僅要看內科、外科，還得要開刀，全村的孩子都是他接生，甚至還要幫忙取名字。

四哥小時候，父親送他一個小茶壺，讓他學習品茶泡茶自娛，長大後沒有依循父親希望他從醫的願望，而是將嗜好化為事業，投入創新茶飲市場，雖然已是縱橫商場的大老闆，本質還是一個單純的鄉下孩子。有次經過北港村，在一個小攤吃到福菜刈包（虎咬豬），老闆將傳統酸菜換成客家福菜，那種太陽晒過的酸鹹滋味，加上北港村黑毛豬，讓四哥湧起田園將蕪胡不歸的感觸，決定在北港村買地，蓋一間三合院，將老父從雲林接來此地安養，他的兄弟姐妹也經常住在山莊陪伴父親。

父親告訴四哥，這個三合院像極了彰化老家，讓他度過快樂的晚年。父親過世後，四哥花更多時間住在村里鄉間，像個歸隱江湖的樵人。

他不只隱居山林享清幽，更喜歡呼朋引伴來家裡吃飯，不談都市商場競爭，而是笑談山林生活樂事，也讓四嫂練就一身好廚藝。他們有菜園、用山泉水養的吳郭魚，寬敞的廚房與飯廳，從飯廳的超大圓桌可以看出主人的豪氣。打開廚房的櫥櫃，裡面都是各種醬料，幾個大甕裝了醬筍、醃冬瓜與醬蘿蔔。這些醬料不是用來配稀飯，而是客家人特有的料理祕方，用來煮湯、提鮮、蒸魚與蒸肉。

四哥與四嫂雖然是閩南人，卻能運用國姓物產與客家醃漬品，轉化為自家餐桌的獨門家宴。除了王年國黑毛豬料理的滷豬腳、福菜香腸之外，還有山泉養殖的吳郭魚，可以用醬筍、鹹冬瓜清蒸，也可以用切碎的醬蘿蔔來蒸。蘿蔔先用鹽水洗過，晒乾，脫水，再用鹽與豆豉一塊一塊抹，彼此緊密交疊，存放三年的黑蘿蔔口感不鹹，反而讓魚肉又鮮又美。

四嫂自己炒的肉燥也不簡單，除了用黑毛豬絞肉，不用紅蔥頭，而是放入切碎的醬蘿蔔一起拌炒，再慢慢燜到全部入味為止，肉燥用來拌飯，也能讓我吃上兩大碗。但

由上至下：醬蘿蔔、蘿蔔乾雞湯、醬筍、醬筍蒸魚。

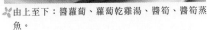

醬蘿蔔肉燥。

四嫂的高麗菜飯最讓人流連難忘，這是用蝦米、香菇、紅蔥頭、肝腸、高麗菜與白米飯燜煮而成，灑點胡椒，光是菜飯就能有飽足感，也是四哥最喜歡的家宴菜。

四嫂的湯品也是一絕。除了醬蘿蔔與蘿蔔乾煮雞湯，國姓盛產橄欖，四哥會製成橄欖酒，也會做成醃橄欖。用醃橄欖與放山雞、鴨熬成橄欖雞湯與橄欖鴨湯，雖然湯頭顏色又深又濃，喝起來清香又能回甘，一直是四哥家宴的必備湯品。

我很好奇四嫂的廚藝怎麼來？老家在雲林西螺的四嫂，說自己記性不好，做菜沒有食譜，也記不住食譜，都是憑感覺走，長期受到婆婆跟媽媽的影響，因為公公當醫生，非常好客，常常請朋友來家裡吃上左：滷豬腳。上右：洛神花蜜餞。下：福菜香腸。

飯，有時被招待去酒家吃飯，回來會描述菜色味道給她婆婆聽，婆婆用心揣摩，隔陣子就能做出一樣的菜來請客，等於吸收各種精華轉換成自己的家宴食單。四嫂吸收婆婆與媽媽的經驗，來到國姓之後，再運用國姓的食材、各種客家醃漬品，又練就青出於藍的廚藝。

前陣子，四哥在山莊旁開了餐廳，將家宴轉化為餐廳菜單，讓旅人能嚐到他們的餐桌故事。一道開胃菜叫嚴父味，這是將父親喜愛的烏魚子炒成烏魚子鬆，包在涼粉皮中，成為烏魚子手卷；另一道是慈母羹，四哥的母親生前喜愛做扁魚白菜與鴨肉料理，他也懷念小時候在西螺吃過的豆皮羹，於是就以豆皮羹為湯底，搭配扁魚白菜以及煙燻鴨胸，做成這道湯品。四嫂的拿手菜，以醬筍、醬蘿蔔與醬鳳梨為調味的鹹水蒸吳郭魚，稱為四嫂蒸魚，她的高麗菜飯也端上餐桌，叫淑芬菜飯（淑芬是四嫂的名字），讓四哥驚豔的福菜刈包，也不能錯過，將原本的刈包換成特製的南瓜包，除了福菜、黑毛豬，花生粉，還有小黃瓜與生菜，取名「胡不歸」，希望旅人能多在國姓停留。

淑芬菜飯的米飯也有來頭，叫冷泉米，來自臨近北港村十分鐘車程的賽德克族清流部落，是以合歡山融解的雪水灌溉而成，讓我想起日本雪國新潟縣的越光米，同樣是以融化的高山雪水灌溉而成，環境的嚴苛，反而變成人類培育物產的驅動力。另外，電影《賽德克巴萊》的故事，也吸引我想去清流部落走走。

四嫂的高麗菜飯。

清流部落，冷泉好米

將飯捏握扎實一點，沾蜂蜜吃下去，灑了鹽水的紅豆飯略有鹹味，配上蜂蜜，滋味很特別。

進入跨過北港溪的清流橋，就到了清流部落。這座山谷過去稱為川中島，是眉原溪與北港溪合流的沖積台地，一面環山，三面環水，進出得靠橋，與世隔絕，是個天然集中營。一九三〇年發生霧社事件，一九三一年，日本人將莫那魯道的馬赫坡社二百九十八位遺族強迫遷移到這裡，來到川中島那天，大雨滂沱中，衣衫襤褸的族人，徒步走過竹子搭成的簡陋棧橋，集中監管，成立農事班，教導族人開闢水田，禁止打獵釣魚，從此，種植水稻成為他們最主要的工作。

清流部落被群山圍繞。

整個部落都被山圍繞，平坦的地方都是一畦一畦的稻田，部落集中在地勢比較高的坡地上。晴天時陽光和煦，陰天時霧氣濛濛，遠方的山嵐像緞帶般包圍著整個部落。原本有十八戶漢人在此定居開墾，日本人先遷走他們，再將馬赫坡社遺族圈禁在此，部落沒有其他生計，只得開始學習種稻。這裡的水溫在攝氏十度左右，水質清冷，又富有礦物質，加上無汙染、

逢收割期，幾個部落媽媽正彎腰割稻。此處生產的台稉9號良質米，以「川中米」的品牌逐漸為人所熟知。

晝夜溫差大的環境，稻米生長速度雖比較慢，但品質優良，一年兩穫，每年六月與十二月是收割期，現在部落也以川中米為品牌，對外推廣。

春天的時候，走過田邊一條叫清風路的小路，我來拜訪漢名是曾秋勝的巴萬，他在電影《賽德克巴萊》飾演莫那魯道的父親。巴萬務農、也做營建，這幾年專心種楊梅，釀楊梅醋、楊梅酒。巴萬的兒子曾伯朗，則是北港村北梅國中的體育老師，專門教角力，伯朗也有演出《賽德克巴萊》，更是電影的體能教練，負責訓練演員體能。

巴萬的太太露比正在蒸紅豆飯，不到十分鐘，紅豆飯蒸好了，我以為要用飯勺來盛飯，巴萬笑著示範部落的吃法，用手抓飯，再沾他採的野蜂蜜來吃。抓了飯握在手心裡，沒想到燙得要命，

紅豆飯沾野蜂蜜。

幾乎握不住，但是將飯捏握扎實一點，沾蜂蜜吃下去，灑了鹽水的紅豆飯略有鹹味，配上蜂蜜，滋味很特別。我發現舌頭習慣熟食的溫度，並不怕燙，但是手心很少碰過燙的東西，難怪握到熱騰騰的飯會無法適應。

邊喝楊梅酒邊聊天，巴萬全家七個兄弟姐妹幾乎都有參與《賽德克巴萊》的演出，他聊到當年父親被迫從霧社來到川中島的故事。父親十六歲參與霧社事件的出草，現場血流成河，原以為無人生還，沒想到一個警察的五歲兒子沒死，從屍體掩蓋下掙扎爬出來，邊走邊哭，巴萬的父親起了惻隱之心，用披風包住這孩子，親自帶他去埔里，交給當地平埔族，再轉交給日本警察照顧。

沒想到當年死裡逃生的孩子後來長大了，五十多歲時，從日本來埔里詢問，想找當年的救命恩人，輾轉找到他父親，當時巴萬的父親已經六十多歲，中風臥病在床，聽到村裡廣播

巴萬示範父親曾出草過的刀。

露比在蒸紅豆飯。

有電話要找他，父親說，還是不要見面吧，一切平安就好。最後，這個日本人並沒有見到救命恩人，抱憾返回日本。

走在田埂上，迎著清風，往昔肅殺的歷史情境似乎已遠颺。仍喜歡入山打獵的巴萬，唱起《賽德克巴萊》裡他與莫那魯道父子對唱的那首歌：「這是我們的山喔／這是我們的溪喔／我們是真正的賽德克巴萊／我們在山裡追獵／我們在部落裡分享／我們在溪流裡取水……」

這裡不是霧社老家，但這裡仍有高山溪流，他還是驕傲的賽德克巴萊。

巴萬的楊梅熟了。

如果你想品味國姓人的餐桌

東南美小吃 南投縣國姓鄉中興路324號 (049)2721423

秋山居 四哥在山莊旁開了一間民宿與餐廳，把他們家宴的特色與故事，轉變成餐廳招牌套餐。
南投縣國姓鄉北港村北原路36-2號 (049)2462302

順道一遊 清流部落在仁愛鄉，但緊臨國姓。
因為電影《賽德克巴萊》的關係，常常有許多人來拜訪巴萬，巴萬也開始經營文化導覽事業，旅人可以在他家用餐與體驗，有人數限制，需事先預約。
南投縣仁愛鄉互助村清風路70號 (049)2941122

南屯人
的餐桌故事

麻芛苦香 迎夏天

一大清早，我在台中的南屯老街被搶了。被搶走的是一個飯糰。

事情是這樣的，我經過祭祀媽祖、已有三百多年歷史的萬和宮，正要進入林金生香這家糕餅老店訪友，突然聞到食物香氣，發現隔壁的早餐店門口聚集很多人，這家小店只賣蛋餅與飯糰，看起來不太起眼，卻引起我的好奇，也湊過去排隊。

我跟老闆娘點了飯糰，可以選擇瘦肉或爌肉，老闆娘嫻熟地放了滷蛋、小黃瓜、肉鬆、油條、酸菜、豆干與兩片瘦肉，迅速揉捏成扎實飽滿的大飯糰，飯糰才剛放在我面前，冷不防一隻手突然伸入，還沒來得及反應，飯糰已瞬間消失。一回頭竟是一個戴安全帽、騎摩托車的歐巴桑。我輕喊：「搶劫！」老闆娘愣住，連歐巴桑也呆住了，她小聲說：「以為是我點的。」當下飯糰人質又被釋放回來。

沒想到吃個早餐還這麼驚險。歷劫歸來的飯糰果然好吃，餡料多，有古早味，瘦肉口感不柴，還頗有彈性呢。

南屯人
的餐桌故事

老街的晨光奏鳴曲

已有三百多年歷史的南屯老街，這些日日常常的生活風景，在豪宅林立、流行風格強烈的台中市之中，自成一格，彷彿與世無爭的寧靜國度。

古早味的餞龠糕。

吃完早餐，走進林金生香這個木造的老店鋪，空間氛圍仍蘊含著老時光的氣息。紅磚拱廊與土角厝牆面，用來拜拜、鹹中帶甜的餞龠糕，還是用古早造型的粉紅色包裝、婚嫁的器具，浸潤百年的油糖麵粉、已呈現象牙般光潔的木頭餅模，還有斑駁的掬水軒糖桶。清朝同治年間成立、已有一百六十多年歷史的南屯在地糕餅店，一直是當地人拜拜、婚嫁與伴手禮必來採購的地方。第五代傳人林玉凡、林宜動這對年輕小夫妻，告訴我在老街吃早餐不能太客氣，由於只供應給在地人，數量不多，太客氣就沒得吃了。

宜動的阿媽從對面的豔星美髮院走出來，頂了剛吹好蓬鬆乾爽的髮型，笑著跟我打招呼，宜動說，這裡的阿媽都在豔星洗頭，每個人的髮型都同一個模樣，數十年如一日。我跟阿媽說，你們這裡的阿媽個個都是豔星啊。

阿媽問我會不會口渴，帶我去斜對面萬和路與南屯路口、有二十多年歷史的南屯金桃湯喝飲料，老闆娘正在烤地瓜，蜜到透紅發亮的地瓜很吸引人，鮮豔的楊桃汁排成一排挺壯觀的，我點了用果汁機將鮮奶與地瓜打成的地瓜牛奶，香濃的地瓜滋味，味道滿特別，還會吃到些許地瓜纖維的口感。

在這條街上不時傳來特別的聲音。金桃湯對面的中南米麩店，是一棟紅磚建成的二層典雅洋樓，不時會發出「砰！」的一聲，隨即煙霧四起，米香跟著飄散開來。他們用糙米、黃豆、小麥、薏仁、黑豆等，透過高溫高壓氣爆研磨製成的各式米麩，是以前奶粉尚未普及時，民眾主要的營養飲品，這個聲響，這股氣味，已在老街瀰漫近四十年。

刻有「犁頭店」字樣人孔蓋。
南屯古名即為犁頭店街。

金桃湯附近，一早還會出現鏗鏘打鐵聲，這是慶隆犁頭店老師傅捶打生鐵塊的聲響，爐火嘶嘶轟轟，鐵塊乍紅即滅，老師傅得搶時間敲擊塑形，揮汗專注工作，有時也會跟往來路人點點頭。走廊上列著鋤頭、鐵耙、鋼刀與鐮刀各種刀具農具，這些農業時代的用具，也許使用的人越來越少，越來越老，老師傅還是堅守自己的崗位，使

中南米麩店的香氣與聲響，已在老街瀰漫、迴盪近四十年。

勁敲打著南屯老街的靈魂。

上午九點，南屯橋邊一間招牌字體已模糊不清、具有八十多年歷史的泉豐豆腐店，豆漿豆腐早已賣完，老闆正在清洗環境，還有不少人騎車帶提鍋來詢問，他都充滿歉意的回答賣完了。這間老店仍用傳統手工製作，不加防腐劑，老闆每天清晨兩點起床工作，得先了解當天氣溫狀況，分辨黃豆的品質，才能決定熬煮與壓榨的時間，在地早餐店幾乎都是用泉豐香醇濃郁的豆漿，還得再加水稀釋，不少在地人也會早起買豆漿，為了健康營養，偷懶不得。

八十多年歷史的泉豐豆腐店，已是第二代在經營。

已有三百多年歷史的南屯老街，這些日日常常的生活風景，在豪宅林立、流行風格強烈的台中市之中，自成一格，彷彿是一個與世無爭的寧靜國度。老街範圍不大，東西向南屯路與南北向萬和路、各約兩百公尺長的道路組成的交叉點，稱為「三角街

仔」，這裡步調緩慢，不像時下流行的觀光老街，賣千篇一律的商品，開著刻意裝潢的懷舊餐廳，各式小販沿街叫賣，反而保留許多在地特色，是個還在生活的老地方。

南屯老街被稱為台中第一街，作家劉克襄形容是台中的老城，台中第一條真正的老街。劉克襄認為舊城是一九一〇年之後，日治時期對台中火車站到台中公園這一帶的城市規劃，新城是一九九〇年代從中港路重劃區擴散出來、將老城與舊城包圍的新興區域。

老城的開拓來自於絕佳的地理位置。南屯區位居彰化平原進入台中盆地的要衝，曾是平埔族的獵場，康熙年間，許多福建移民搭船來到鹿港，再轉乘小舢板，沿大肚溪到犁頭溪上岸，依水建聚落，逐步屯墾，漸漸聚集近三十家製造牛犁、鋤頭的農用打鐵店，以滿足大量的開墾需求，這裡古名就貼切的叫犁頭店街。此地又是彰化、豐原貿易往來的據點，從鹿港上岸的貨物，得先運到犁頭店街，再轉送到豐原與台中各地，這個交通樞紐位置，讓犁頭店街形成台中最早的市街。

清代同治年間成立的林金生香，幾乎就跟犁頭店街一樣老，創始人林旺生賣麵條，第二代林阿塗做麵龜與糕餅，被地方人稱為麵龜阿塗。第五代的宜動指著日治時期老地圖，對我說明這條老街當時的樣貌，有供遠行旅人雇用的轎店、客棧、雜貨、麵店、中藥行、棉被店與剃頭店，甚至還有鴉片煙館。

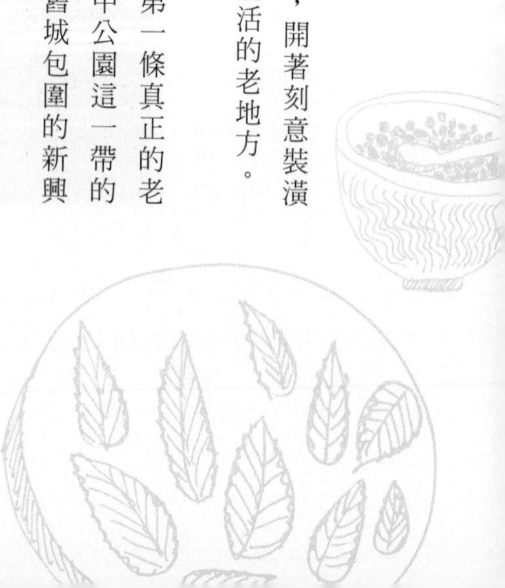

古早小吃懷念好滋味

最早期的老店大都消失了，但是圍繞著老街、市場，因應地方生活產生的早餐與小吃，仍令我深深著迷。

在這裡，光是早餐就有二、三十家各式各樣頗具歷史的店家，如果功夫不扎實，很難在老街討生活。

老街最古早味的，當數萬和宮斜對面的阿有麵店，五十年老店只賣陽春麵、米粉與餛飩湯，小菜也只有油豆腐、魚丸與滷蛋。麵店生意非常好，門口大排隊，店內的客人安靜埋頭猛吃。我看到白頭髮、八十歲的阿有婆婆進進出出搬東西，媳婦則專心煮麵，那鍋冒著熱氣的肉燥，散發舊時光的香氣。阿有的陽春麵放豆芽菜、豬後腿肉製成的肉燥、油蔥酥與韭菜，口感略油卻不膩，用新鮮的旗魚漿手工製成的魚丸，都是在地人補充一天體力的來源。

早上跟傍晚，麵店都出現許多穿襯衫與套裝的上班族，早上不少是外出的上班族，下班後再來這裡用餐，甚至趕著七點關門前來吃麵，朋友說這種老味道總是吃不膩，即使搬離南屯，還是會常常回來找尋熟悉的味道。

老街附近的黎明路上，有一家大象早點，蛋餅是必吃美味。蛋餅是老闆半夜用麵團

阿有麵店是南屯古早味的代表。

擀出來的，只見他先用豬油熱鍋，將麵團壓扁後現煎，再打顆蛋，裹上豬排或雞排，氣味香濃，口感像蔥油餅般厚實有嚼勁。大象早點是在地人的稱呼，因為店面立牌只有一個大象圖案，沒有其他名字。我問老闆，你就是大象嗎？他說不是，是他的妹妹，因為妹妹微胖，綽號就是大象，開店時，朋友問店名要取什麼？他想起愛吃的妹妹，就用妹妹的綽號當招牌。

老街旁的南屯市場，也有不少美味小攤。市場外圍附近幾家賣爌肉飯的攤子，其中一家無名的小店，是幾個姐妹合力經營，被地方人暱稱為姐妹爌肉飯，中部的爌肉飯，也稱為滷肉飯，但跟台北的滷肉飯不同，是一大塊帶皮的五花肥肉，以醬油、糖、調味料小火慢滷，淋上一點滷汁、擺上一些酸菜，簡簡單單。姐妹的爌肉很大塊，處理得很有咬勁，厚厚的豬皮很細嫩，夾起肉來，皮肉還會抖動，姐妹的肉燥飯類似一般的滷肉飯，但不是帶皮豬肉丁，而是很有口感的瘦肉丁，兩種口味各有特色，分量都不多，宜各吃一碗，嚐嚐不同部位的滋味。

轉進市場內，角落處有家四十年的富春肉圓，這是傳統中部口味的油炸肉圓，地瓜粉與米漿製成的外皮，包裹豬後腿肉跟筍塊，炸過的肉圓外皮不硬，反而ＱＱ有彈性，特別是淋在肉圓上的濃稠白色醬汁，香香甜甜，我詢問第二代、越南籍媳婦老闆娘醬汁的做法，原來是用米漿、花生與糖調味，難怪不甜膩，再配上大塊豬血、豬腸與酸菜的豬血湯，很有飽足感。閒聊時，老闆娘富春現身，她每天早上五點起床現做肉圓，九點在市場營業，中午就賣完了，一天要賣掉近三百個肉圓。

這裡還有兩家越南媽媽開的越南小店，也是在地人推薦的好料理，許多媽媽買完菜，會在這裡吃碗河粉或米線。一家娟越南小吃，每天都有當日特別餐點，他們已經很本土化了，還有豬腳河粉跟豬腳米線。我點了牛肉米線跟春捲，湯頭頗鮮甜，春捲又大又飽滿。娟越的隔壁也開一家小店，我滿喜歡吃她們做的越南法國麵包，先將法國麵包烤熱，加入餡料，包括紅白蘿蔔、越南火腿、烤肉、小黃瓜與香菜，再淋上滷肉汁，酥脆的麵包內裡吸飽肉汁香，一口咬下，各種蔬菜與豬肉的滋味就交融在麵包裡。

富春肉圓用米漿、花生與糖調味的醬汁很特別。

市場裡的越南法國麵包，口感酥脆，內餡豐富。

姐妹爌肉飯的大塊豬肉很有咬勁。

苦中回甘的夏日鄉愁

我一直惦記著那種苦甘滋味，後來才知道南屯是麻芛的故鄉，相對其他地方，仍在生產這種老味道。

這些小吃的魅力，卻抵不過一個讓我尋覓多年的特別食物。多年前曾在台中第二市場吃到黏黏稠稠、浮著幾塊紅地瓜的綠葉湯，帶點微苦卻回甘，才知道這是傳統台中人夏天的消暑食物麻芛（閩南語麻薏），只有在清明節到中秋節之間才盛產，錯過得再等一年。我一直惦記著那種苦甘滋味，後來才知道南屯是麻芛的故鄉，相對其他地方，仍在生產這種老味道。

麻芛地瓜湯。

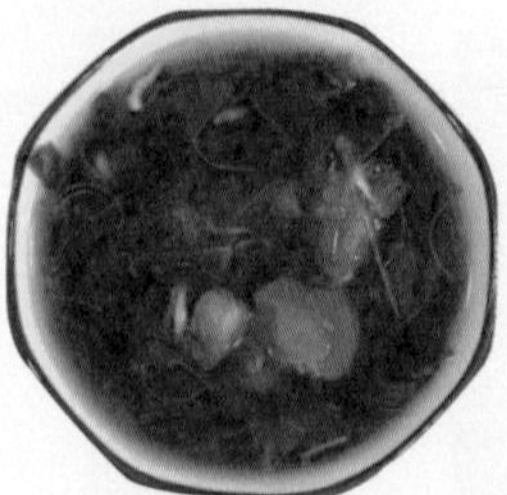

南屯市場裡裡外外都有阿桑賣自己種的麻芛，有的坐在路邊販賣，也有人會將麻芛撕剝出嫩葉，熬成菜湯後，放在塑膠袋來賣。只要看到寫著「麻薏上市」的小牌子，就知道夏天到了。

讓我念念不忘的麻芛到底是什麼？古籍上稱草木初長的嫩芽叫「芛」，麻芛是過去農村時代常見、做麻袋、麻繩原料的黃麻，在還沒長成粗大黃麻之前冒出的嫩芽，麻芛的閩南語發音是「麻薏」。犁頭店街以製造牛犁、鋤頭聞名，相對也有麻繩與麻袋的需求，南屯就是黃麻重要產區之一。黃麻在農業社會也是生活必用品。長輩告訴我，以前抓豬用的繩子「豬腳步」，就是利用黃麻皮，搓成粗繩索，除了抓豬，還能掛豬肉。剝去黃麻皮取下來的莖骨，切成一節一節，對半剖開後晒乾，稱為「屎蓖」，也就是農業社會的衛生紙。

經濟與生活需求，讓黃麻曾有一段輝煌歲月。日治時期，因為倚重台灣米糖的出口經濟，也增加製造裝米糖的麻袋需求，一九一二年，日本人在豐原成立「台灣製麻株式會社」，被豐原人戲稱為「布袋會社」，這個工廠曾是豐原、石岡、后里與潭子一帶居民的生計來源。國民政府接收後，轉手交給民間經營，員工人數還曾高達一千五百人，一直到一九八二年，因為塑膠工業興起，麻袋成本比不上塑膠袋低廉，布袋會社只得黯然關門，麻袋製造業也跟著消失。

黃麻隨著時代起起伏伏，唯一不變的就是人民與黃麻共存的艱辛歲月。當時的樂事，就是煮麻芛地瓜湯、麻芛泡飯當消暑的正餐與點心。從小喜歡吃麻芛，還常常去黃麻田偷摘麻芛的作家劉伯樂，他的妻子是台北人，嫁來中部，看他與母親將麻芛湯吃得津津有味，卻皺著眉頭、食不下嚥，還偷偷問：「這個東西真的能吃嗎？」劉伯樂在《野地食堂》寫了一篇〈麻芛湯〉，書裡說此物除了味苦之外實在談不上美味，「似乎只有嚐過苦生活，能吃苦的人，才懂得苦中求樂；也只有窮人才會把生活上的苦味，轉化成飯桌上的美味。」

這種窮開心的滋味，卻是現代人最奢求的美好時光。

清晨七點，我帶著兩個女兒，在南屯的麻芛田裡遊走。遠方

阿婆在路邊賣自己種的麻芛。

是台中七期的高樓豪宅，那裡的天空已被大廈分割，這裡卻遼闊無際，萬里晴空。我腳下踏的田土，黏滑而結實，微風吹來，快哉涼爽。女兒們開心的摘地瓜葉，我則跟著農夫何大哥採收麻芛，只見他帶著鐮刀進入高及肩膀、隨風搖曳的綠田中，他說麻芛不能全割除，需要留八分之一的高度，陽光才照得到，還可以再生長，他彎腰抓起麻芛根部，刀起刀落，沒多久就抱滿一大把麻芛。

陽光已經開始炙人，我們滿身大汗，何大哥笑著說平常四點就出門工作，今天算比較晚了。他指著後方的大肚山台地，能夠阻擋東北季風，土壤喝的是大甲溪水源，天氣越熱，麻芛長越快，一天可以長十公分，四十五天之後就可以採收。只是麻芛長得快，雜草也跟著長得快，每天早晚都要除草，不勤勞，就沒有好吃的麻芛。何大哥邊整理麻芛邊說，當氣候漸漸轉涼，葉子慢慢由小變大，由薄變厚，就越來越苦越不好吃，因為會逐漸長成一根直挺挺的黃麻。

麻芛田旁邊還種著韭菜、地瓜葉與秋葵，每天工作之餘，還可以摘菜回家吃，何大哥喜歡這種傳統生活，他很懷念小時候在田邊玩水的日子，只是老家古厝徵收了，許多田地都成為大樓，種麻芛讓他可以維持勞動的習慣。

工作完畢，我抱女兒浸在田邊小溪裡沖腳，溪水冰涼過癮，女兒們笑得吱吱叫，開心極了。回程路上，經過古名知高坑的寶山社區，路邊有個百年的圳水湧泉洗衣窟，兩個婦女一面以木棒搗衣或用手搓揉，一面又能閒話家常，我的女兒們興味盎然地觀看著她們的工作，儘管馬路上車子來去快速，這裡的生活節奏卻悠然自得。

只有在南屯，才保有這種古意。但是現在的麻芛不苦了，一九五七年台中農業試驗場將黃麻品種改良為「台中特一號」，原本的苦麻變成甜麻，黃麻枝幹如果是青色的，就是甜麻，紅骨的則是傳統的苦麻。我們在何大哥田裡採收的，是要供應給林金生香的紅骨的苦麻，阿媽說，他們習慣吃苦麻，因為吃苦吃習慣了。

在南屯雖然有賣麻芛湯，但是味道不夠濃，太白粉勾芡太多，真正好吃的麻芛湯，其實都在尋常人家的餐桌上。回到經營林金生香、位在老街中南米麩店附近的宜動家，頂著豔星美容院髮型的阿媽正在處理我們剛剛帶回來的麻

何大哥採麻芛。

筍，她用食指與拇指撕去葉莖葉脈，留下嫩葉，處理過程費工且需要耐心。我在一旁幫忙，卻笨手笨腳，阿媽笑著說，她從小就開始處理麻筍，耐心都是磨出來的。

我們從田裡摘下的一大把麻筍，處理完只剩一包嫩葉。接著阿媽將嫩葉放在洗衣袋中，用洗衣板不斷搓揉，破壞葉片纖維，產生黏稠度，再用大量清水洗去苦味，綠色汁液不斷排出，十五分鐘後才大功告成。看著辛苦採收的成果，經過細心拔撕，用力揉洗，只能煮出一小鍋，可以想見以前生活貧苦的點點滴滴，真的是窮人菜。

阿媽將這袋嫩葉，加入已熬煮熟透的地瓜塊，一起放入鍋中，以大火續煮二十分鐘，用順時鐘方式邊攪動、邊撈除泡沫，沒多久，就可以聞到麻筍的獨特清香，起鍋前加入調味料、一點太白粉增加濃稠度，就是我期待多年的麻筍地瓜湯了。

林家的餐桌可是麻筍三吃，熱的麻筍地瓜湯、淋在飯上的麻筍泡飯，還有一種獨特吃法，麻筍靜置放涼後，放在冰箱，冰鎮後的麻筍地瓜冷湯，冰冰涼涼，更有消暑風味。

林家的麻筍湯果真特別清苦，不像一般市面上的淡淡滋味。面臨老品牌轉型的林金生香，糕餅需求越來越少，像麵龜以前客人一次訂三十斤、一百斤，現在一次只訂六個，要如何凸顯地方特色，創造自己的價值，宜動的母親、第四代的富美就以麻筍為食材，研發了加入麻筍的太陽餅、狀元糕、包子與饅頭，因為用甜麻吃不出麻筍原本

麻芛地瓜泡飯。

微苦的味道，她們就改用苦麻，以麻芛的苦香去調和糕餅的甜味，反而有種特有的清新。

與其說南屯與時髦的台中格格不入，不如說南屯人多少有點像黃麻不隨波逐流的硬個性，黃麻砍下後得抽皮、浸水變軟，再刮去外皮、變成耐磨又耐拉的麻繩與麻袋，質地堅硬有韌性。南屯老街跟柔嫩的麻芛或堅強的黃麻一樣，都有個素直之心，挺拔的生長著。

唐朝詩人孟浩然寫著：「開軒面場圃，把酒話桑麻」，好一幅田園景觀，南屯是另種城市的田園風景，平平淡淡，卻近人。沒有酒，就喝碗麻芛湯享受夏天吧！

如果你想品味南屯人的餐桌

- **林金生香** 可預約南屯老街導覽與糕餅DIY體驗 台中市南屯區萬和路一段59號（品牌店）(04)23899857
- **阿有麵店** 台中市南屯區萬和路一段70號
- **中南米麩店** 台中市南屯區南屯路二段670號
- **慶隆犁頭店** 台中市南屯區南屯路二段529號
- **金桃湯** 台中市南屯區南屯路二段555號
- **大象早餐店** 台中市南屯區黎明路一段1009號 (04)23890456
- **南屯市場** 台中市南屯區南屯路二段595號
  可品嚐姐妹爌肉飯、富春肉圓、越南河粉及法國麵包等美味小吃

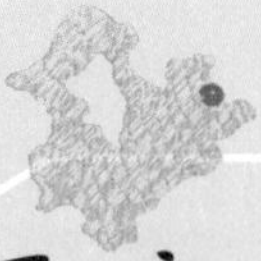

貢寮人

的餐桌故事

三貂灣的海之味

馬崗，台灣最東邊的三貂角小漁村，
深冬的東北季風吹襲時，小村籠罩在迷濛的潮霧中。
晴日再來，風景迥異，一邊是大片綠藻密布的潮間帶，另一邊是倒映藍天的九孔池。

浪花在岩上翻騰，潮水湧進筆直入海的九孔池，
我沿著池中小道前行，看到池面浮起好幾條黃色管子，
朋友一邊介紹這座九孔池的特色，一邊彎腰伸手拉拉其中一條管子，
突然間，水中冒出一個人頭，嚇我一跳，
這個穿黑色潛水衣的人，右手抓著一隻鮮紅色，
有著排列整齊的白色吸盤、八爪不斷舞動的章魚，他朝我游來，將章魚放在池邊，
牠灰褐色的身體開始蠕動，黃色的凸眼看起來像異形外星人。

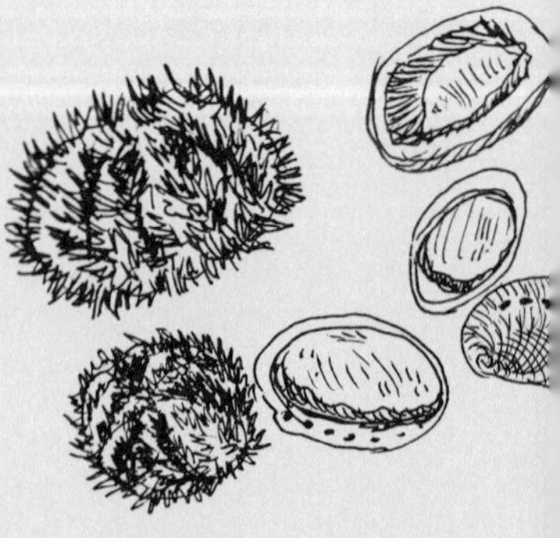

貢寮人
的餐桌故事

馬崗，九孔的海潮味

整個東北角沿岸有不少座九孔池，其中以馬崗最密集，每年中秋節之後，天氣轉涼，一直到隔年二月，就是九孔盛產的時刻。

另外兩個潛水夫也浮出水面，原來他們剛剛正在池裡採九孔，現在是上午十一點半用餐時間，工作人員會拉扯黃色氧氣管，提醒潛水夫時間到了，要出來透透氣、吃飯休息半小時。三個潛水夫坐在池邊休息，用手抹去臉上的水珠，整理一下儀容，倒出雨鞋裡的水，接著先喝一碗熱湯，暖暖身體，再抽菸聊天，最後拿起便當狼吞虎嚥起來，蹲在一旁的阿桑開始整理沖洗他們拿上來的九孔。

九孔池主人要招待我吃烤九孔，先吃一顆生九孔，脆脆的很有嚼勁，帶著海水的鹹味，甘甜而沒有腥味。我們邊聊邊烤九孔，看著九孔開始慢慢變成焦黃色，周圍的汁液冒泡沸騰，外殼逐漸焦黑，咬著燙舌的九孔，燒炙後味道更好，海水滋味配上香氣四溢的九孔，比生吃更香更甜。

以採集九孔為業的潛水夫。

烤九孔。

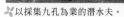

休息半小時，潛水夫又戴上蛙鏡，帶好裝備，接上黃色氧氣管，將塑膠筐丟入池中，一個一個跳下池子，繼續工作。

這是一個孤獨又特殊的工作，整個東北角沿岸有不少座九孔池，其中以馬崗最密集，東北角有近三十名以採集九孔為業的潛水夫，時薪五百元，每天工作六小時，而且拿現金，趕工時還有加班費，收入算優渥。每年中秋節之後，天氣轉涼，一直到隔年二月，就是九孔盛產的時刻。潛水夫工作時，腰間要綁著石頭浮在水中，用水中吸塵器清理池子的糞便與泥沙，再翻開層層疊疊的特製石塊，撿出藏在其中的九孔。在水中很安靜，會忘記時間，夏天很清涼，冬天雖寒冷，但水下溫度比氣溫高，仍有溫暖的感覺。有時悶了煩了，會浮出水面，打開綁在池邊的香菸盒抽根菸。

潛水夫說，在池裡工作很忙，要去翻找九孔，全神貫注，很難想事情，但下班後可以去兜風，找朋友聊天，生活自由自在。他們一個池子換過一個池子，像是另一種遊牧的海人，那隻不小心順著潮水流進池裡

馬崗與卯澳保存許多石頭屋。

村民在整理九孔。

的章魚，也許就成為他們下班後供五臟廟的祭品。

從日治時期，這裡的居民就開始抓九孔，大隻的直接用扁擔挑往貢寮車站，搭火車到基隆崁仔頂魚市出售，小隻的就在海邊挖一個溝豢養著。整個漁村都是用山裡的石頭搭成的石頭屋，擋風石牆與人一樣高，蓋得又寬又厚又扎實，我在村內鑽來鑽去，遇到兩個老婆婆，臉上布滿風霜與歲月痕跡，跟村裡的石頭屋一樣。她們沒睡午覺，剛吃完飯，我陪她們散步到九孔池附近，孩子、孫子都在台北、宜蘭工作與生活，只剩她們守著家園，以前都是去海邊採海菜、撿各種貝類與野生九孔，生活跟海很密切，現在只能繞著村裡走走，看看海，聽聽浪聲。

我走在退潮的潮間帶，到處都是溼滑的綠藻，坑洞中有許多靈動的小魚苗，遠處有人站在岩石上釣魚，潮聲忽近忽遠，這片看似空寂的土地，卻蘊藏許多祕密。這裡位在三貂角，東北角最突出的地方，也是雪山山脈向海延伸、與海最貼近的接觸點，被海水與冷風雕塑成一片海蝕平台，環境極端起伏，冷熱交替，

兩位婆婆在九孔池附近散步。

又乾又溼，卻長成滿柔軟的石蓴綠藻，這些無根的小生物，利用潮水起伏之力，攀上土地，擴張生命。

這一大片海蝕平台，有不少區域被東北角的貢寮居民改成九孔池，以海水滋養著九孔，成為貢寮的重要產業，一個池子從五百到一千坪那麼遼闊，也是台灣少數以天然野放方式養殖的九孔，像放山雞一樣，其他地方的九孔都是箱網養殖，即使所需空間小，效益高，但口感鬆軟宛如飼料雞。

生命孕育更多生命，有人說綠藻是海上的秧田，除了是餵養九孔的飼料，更是各種生物的養分。躲在岩石縫中的海兔，利用潮水帶來的滋養，匍匐前進大啃綠藻；釣客最喜歡的黑毛，在冬天浪大時，在近海吃著被海浪打碎的綠藻，讓肉質更彈性肥美。長期在此地潛水觀察的生態觀察家陳楊文，喜歡在冬天來此觀察潮間帶生態，探索蘊藏海洋與陸地的祕密，他在《一個潮池的祕密》這本書寫著：「冬天的海邊絕不蒼涼，蒼涼的是人心與想法。」

造山運動的激情，讓三貂角像一個從雪山山脈延伸出去、輕撫大海的手掌，其他則隱沒入海，成為戍守大海的暗礁衛士。南方的黑潮在外海與中國大陸的近海洋流交會激盪，讓這個區域充滿異質生機。

三貂角的海蝕平台。

海面都是小船，前幾天烏魚群才經過此處，透過好天氣浮上水面晒太陽，盛大的魚群日光浴，像是在海面跳舞一般。

卯澳，大海的聚寶盆

三貂角另一端的卯澳小漁村，像個藏有珍寶的囊袋，牽引大海進來探索，從山脈蜿蜒而下的三條溪流，豬灶溪、坑內溪與榕樹溪，有如土地的臍帶，跟海洋交換山裡的祕密。從山上往下眺望，三條溪流有如「卯」，潺潺入海，加上灣澳如凹袋，被稱為卯澳。馬崗的地名由來，也是因為卯澳山脈延伸到此形成高崗地形，叫做「卯崗」，光復後才改為馬崗。

灣澳與暗礁如迷宮，海霧茫茫，常讓船隻迷途與遇難，三貂角燈塔才在日治時期興建，以光亮指引暗夜迷途。這個特殊地形，卻是魚群的樂園，暗礁易躲藏，外海是急流，轉入灣澳就成緩流，有如母親溫暖的臂彎，能阻擋狂風暴雨，過去常常有鯨魚游入卯澳灣，甚至魚群為了躲避鯨魚躲進此處，被形容塞爆整個小灣，作家劉克襄就曾形容卯澳是個鯨魚小村。

我跟地方朋友搭舢舨出海，今日風平浪靜，回首望去，滿山綠意與石頭屋漸離漸遠，離開了被形容是捕魚聚寶盆的卯澳灣，進入從鼻頭角到三貂角一帶的遼闊大灣——三貂灣。海面都是小船，前幾天烏魚群才經過此處，透過好天氣浮上水面晒太陽，盛大的魚群日光浴，像是在海面跳舞一般，漁民互相通報後，都來此地捕烏魚，一次就能捕到一千多斤，上千萬元現金馬上入袋，甚至連報信、指出具體地點的人，都可以分到五分之一的利潤。

今天遇不到捕烏魚的盛大場面，一大群小舢舨靜靜泊在如鏡海上，拿著釣竿看似悠閒，其實得隨時注意軟絲、雀鯛、剝皮魚或象魚可能會上鉤，或是偷吃餌料。我裝好蝦餌，將釣線垂入海中，才一會兒釣竿激烈振動，我趕緊捲線往上拉，一隻象魚就脫離水面，有時才剛放下釣線，精靈的魚兒一下子就吃完餌，逃之夭夭，才釣一小時，幾個朋友都各有斬獲。朋友說，風平浪靜就是漁民賺錢的時候，通常一天一兩萬，一週可賺十多萬。他不忘調侃我們，天氣這麼好，應該讓你們吐一下的，但十七歲就開始抓魚的他，笑著說其實還是會暈船。

我在舢舨環視晴空下的三貂灣，思緒彷彿倒流到十七世紀，想像當時西班牙人發現這個大灣的感受。西元一五四三年，西班牙船隊在美國加州聖地亞哥 Point Loma 上岸，這個面向太平洋的半月形海灣，名為 Bay of San Diego，San Diego（聖地亞哥）則是稱為加州之始的城鎮。八十年後，西元一六二四年，荷蘭人占領台南，建立東亞的貿易基地，一六二六年，在荷蘭人的競爭壓力下，西班牙為了挽回失去的貿易地位，決定占領北台灣。他們派遣兩艘多槳大帆船，十二艘舢舨船隊護航，從菲律賓出發，沿著台灣東岸航行，他們來到東北角，停泊在這個大灣裡，測量緯度描繪地形之後，稱此為 Santiago，此灣為 Bay of Santiago，隔天進入基隆灣，並在和平島建立要塞。此後，移民來此的漢人稱這裡為三朝、山朝，或是三貂角，一直到了國民政府來台之後，三貂角的區域名才消失，淪為一個燈塔所在地。

大航海時代，西班牙的航海家在世界各地，例如古巴、智利與多明尼加建立眾多的Santiago，現在都成為歷史大城，承襲著探索冒險的大海靈魂，只有太平洋彼端的三貂角卯澳、馬崗，仍是平凡質樸、漸被世人遺忘的小漁村。如果美國的聖地牙哥是加州之始，三貂角會不會也是西班牙人心目中的台灣之始？潮起潮落，海浪爭相奮起，繼以嘆息退去，湧動不歇的黑潮依舊在三貂灣外疾走，也許，凋零的卯澳，仍像海明威《老人與海》筆下的古巴老人Santiago，始終維持著面向大海的海人精神。

走在卯澳漁村裡，圍繞在港邊四周的石頭屋，幾乎空無一人，一些種菜的小院子偶爾傳來電視新聞的聲響，沿著榕樹滿蔭的榕樹溪上行，一些人去樓空的房子都已傾頽，只剩茂盛的雜草咀嚼生命況味。很難想像，除了腹地廣大的澳底漁港之外，這

乘舢舨在三貂灣釣魚。

裡曾是東北角第二大漁村，日治時期還在此地成立「卯澳漁業組」，是東北角規模龐大的漁業組織。

一九二四年宜蘭線鐵路通車，在貢寮與福隆設站，讓卯澳漁獲更能便利運送出去，每天早上，碼頭擠滿船舶，卸下豐富漁獲，附近有工廠每天煮魚，再將漁獲用扁擔挑到貢寮或福隆，搭火車去基隆販售。這裡成為東北角貿易重鎮，被稱為三貂灣的金庫，不只有錢莊、更匯聚撞球間、豆腐店、飲食店、米店、冰店與雜貨店，甚至還有酒家。「等於把魚養在水池裡，要撈多少有多少。龍蝦很多，腳一伸出去，牠就會來咬你。」卯澳的朋友回憶當時榮景。

一直到一九七九年北部濱海公路通車，不是把人吸引進來，反而把青壯人口送出去，這幾個小漁村逐漸沒落。現在村子人煙稀少，年輕人出外打拚，只剩老人與小孩守著家園，成為老人村孩子厝。朋友說，現在海上漁火比岸上燈火還多，這裡仍是熱鬧之地。隆冬季節，綠藻柔嫩，黑毛肉質最鮮美，一個阿伯專門釣黑毛，三個月內釣到的黑毛，賣給福隆的海產店，可以賺十多萬元，如果是大龍蝦，每隻可賣到八百元。

原味軟絲，清蒸黑毛

如果要一飽海鮮口福，得去福隆與澳底，因為新鮮漁獲都集中送往這兩個人潮較多的聚落。

夏天，「貢寮三寶」九孔、鮑魚與馬糞海膽正當令，午後，我在卯澳就遇到一對老夫婦在剝海膽，他們早上出海潛水，用鐵鉤採海膽，上岸後，再請當地阿媽幫忙處理，先用菜刀剖半剝殼，再以鐵湯匙柄挑出黃色海膽肉，洗淨後集中在鍋子裡。剝下的殼就拿到田裡施肥，是非常好的肥料。海膽價格也不錯，未剝殼的零售，一顆約四十到八十元，經過處理的海膽，收購價每斤就從六百元到七百五十元之間。

除了吃海膽，石花菜也當令，只要有平地，村民就會晒石花，像黃地毯一樣點綴地

採回的海膽需經剝殼、挑肉、洗淨等處理，才能品嚐到它鮮嫩誘人的甜味。（蔡仲席提供）

正在曝晒的石花菜，像為地面鋪上亮麗的黃地毯。

屬於甲殼動物的藤壺，也是當地可食用的一種「海味」。

面。本名紅藻的石花，得經過六晒六洗，才能去除雜質，變成米黃色藻體，加水慢煮，放涼加蜜或黑糖，就是最天然的消暑點心。有天晚上，遇到幾個村民，蹲在地上用錘子敲一種模樣特殊的貝殼，原來是甲殼類的藤壺，他們從外海礁岩上挖下來，用水煮過，敲開就可以挖肉吃，我也蹲下來如法泡製，藤壺白白的肉很鮮甜，朋友形容，比蚵仔、雞肉還好吃，大家乘涼風配啤酒，很愜意。

煎竹筴魚。

櫻花蝦油飯。

有一次住在卯澳的民宿，那天風大雨大，幾乎走不出大門，隔天一早，民宿主人林大哥煎竹筴魚當我們的早餐，只用鹽巴調味，就能凸顯出魚的鮮美，他還用宜蘭龜山島的櫻花蝦做成櫻花蝦油飯，一早吃到這麼簡單豐盛的料理，心情也開朗起來。林大哥原本是台北來的釣客，常常來此地釣魚，為了找地方休息，就買了一間倒塌的石頭屋，改建成民宿。以前都是去福隆買便當，吃久也膩了，於是將釣到的魚，除了煮成魚湯，也嘗試不同做法，開了民宿後，他考上廚師執照，還成為私廚，為客人料理餐點。

我看到他的筆記本記錄滿滿的食譜，還有不少釣魚剪報，他說三貂角北端、卯澳外海有個卯澳流巷，這是一條海溝，加上暗礁林立，海底坡度起伏很大，海浪會在溝上翻滾，正適合大魚藏匿與獵食，成為漁民口中的「粗瀨」。他記得過去曾有人釣到五十斤的大紅魽，還有九十一斤的鱸滑石斑，這裡的大魚數量居於全台之冠，只是現在能釣到三十斤就不得了了。

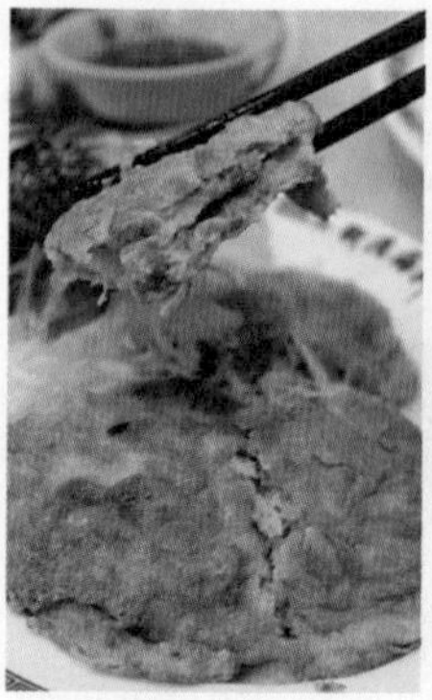
海膽煎蛋。

紅燒醋鰻。

剛捕獲的新鮮龍蝦。

軟絲。

如果要一飽海鮮口福，得去福隆與澳底，因為新鮮漁獲都集中送往這兩個人潮較多的聚落。例如福隆東興宮附近的富士海鮮，是卯澳漁民專門供應磯釣與龍蝦的老牌餐廳，店面不大，都是採用最新鮮的海產。我在廚房看到老闆娘正在清洗軟絲，挖出囊袋，用剪刀剪開身體，用熱水汆燙，身體從透明變成乳白色，再放上五味醬，就是最簡單的原味軟絲。剛釣到的黑毛，用蔥薑絲清蒸，吃魚肉的鮮甜味，再用魚油拌飯，這尾黑毛一下子就被眾人吃光。剛剛捕到的大龍蝦，先切塊，再用蠔油將蒜苗爆香，淋在龍蝦上，清蒸之後的肉質像豆腐一樣滑嫩。桶子裡有一條大大的鱸鮒，老闆娘切塊之後，只用鹽巴與蔥煮成魚湯，湯頭很甘甜，魚肉也維持軟嫩口感。簡單的烹調，就能吃到三貂灣的新鮮海味。

澳底巷內有一家新港海鮮，他們的酥炸中卷與紅燒醋鰻，則是另種酥脆的口感，清蒸的五味九孔，味道跟我在馬崗吃到的烤九孔又不同，口感稍軟，新港還有一道馬糞海膽煎蛋，外表看似是一般的煎蛋，一咬下去，軟軟的海膽就流瀉出來，帶著一股大海的清香，讓我想起在卯澳、坐在小板凳上，細心清理海膽的阿伯阿媽們。

澳底街上有一家在地人喜愛的價廉味美小店——龍門小棧，他們清早五點就去魚市採買漁獲，今天有鯖魚（花飛）與石狗公，我們點了在地口味的油爆小卷、石狗公湯、煎鯖魚與三杯九孔。油爆小卷是用麻油與蔥蒜薑絲去爆香，再將小卷放在鍋中以大火煎炒，加點辣椒提味，起鍋之後，表皮酥酥脆脆的，滋味很甜美。三杯九孔口味很重，適合配啤酒，煎過的鯖魚酥酥焦焦的，沾點胡椒鹽，也很下飯。四月正是石狗公的季節，鹽、蔥與薑絲的簡單調味，就讓這道魚湯清甜爽口。朋友提到她的親戚眼睛很大像銅鈴，嘴巴也很大，長得就像石狗公，大家私下都叫她石狗公仔。我們邊喝邊笑，不禁想起石狗公小小的身軀，大眼與闊嘴的滑稽樣。

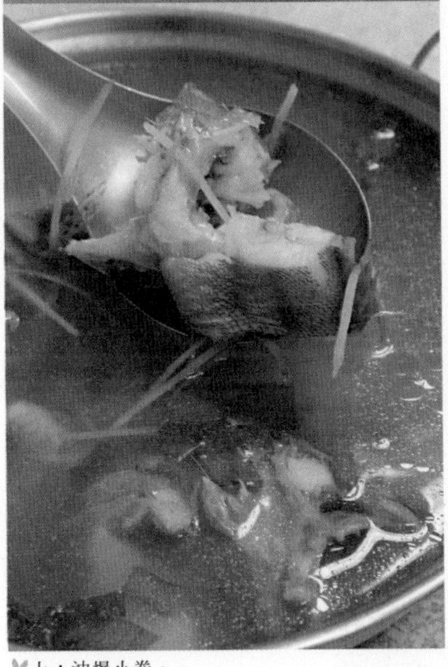

上：油爆小卷。
下：石狗公鮮魚湯

野徑梯田外，冬耕土脈翻

我來到貢寮深山處的內寮，這裡離貢寮車站約八公里，處處是梯田遺跡，從海邊來到山徑，彷彿是另外一個國度。

走在龍門細軟的金色沙灘，沙灘上躺著許多孤單的漂流木，也許是從附近山上、或被花東海浪簇擁來此，沙灘上也擺放三十多個用圓弧鋼管與紗網製成的三角網，這是漁民利用黑夜在海上撈鰻苗的器具，這些無人看管的三角網，遠望像是一個個帳篷，又像是乘風飛翔的飛行器。

雙溪河在出海口沖積的沙灘，向外是澎湃大海，朝內是靜靜的河流，一動一靜，象徵這個區域的特質。這裡是一八九五年日軍征台的登陸據點，日本沿著基隆港南下，找尋合適的登陸點，整個東北角岬灣曲折，暗礁險惡，只有此

龍門沙灘。

處適合艦隊停泊上岸，他們上岸後直入三貂嶺，一路進攻到基隆，最後進入台北城。

也許西班人也曾經在此上岸踏勘，再溯及千年前，整個三貂灣，從鼻頭角、和美、澳底、福隆、卯澳到馬崗，都是航海民族凱達格蘭族的活動範圍。龍門古稱三貂社，相傳是凱達格蘭族從外海來台登陸的地點，他們沿著雙溪河（古稱三貂溪）建立聚落，在海邊捕魚，在山上打獵、開墾梯田，古稱槓仔寮的貢寮，就是凱達格蘭族稱獵捕山豬的陷阱之意。

龍門也是凱達格蘭族北上到基隆、台北平原的根據地，相傳噶瑪蘭族也是從龍門南下到宜蘭開墾，兩個平埔族群在此分流。從黑潮與大陸近海洋流的交會，菲律賓海板塊與歐亞大陸板塊的撞擊，雪山與太平洋的接觸，一直到各個族群的匯聚，呈現這個區域的多元特質。

我來到貢寮深山處的內寮，這裡離貢寮車站約八公里，處處是梯田遺跡，從海邊來到山徑，彷彿是另外一個國度。以前對外交通不便，貢寮人除了漁撈，在山上狩獵，更需要稻作，才能維持生計，不只卯澳後山以前都是梯田，整個貢寮山區都遍布梯田，儘管一年才一穫，卻是北台灣的重要糧倉。

我走入吉林里的百年老厝蕭家庄，他們是少數仍在耕作梯田的家族，庄裡沒人，也許都外出工作了，我在一個石頭屋看到一頭水牛，裡面堆滿稻草，原來是牠們的家，

牠靜靜凝視我，旁邊是一頭正在吃草的小牛。我後來到了放牧水牛、古稱大牛埔的桃源谷，這裡是草嶺古道，貢寮與宜蘭交界處，五百公尺高的山稜線，都是緩坡大草原，數十頭牛三三兩兩吃著草，或臥或站，看到一大群卸甲歸隱的水牛，又能俯瞰太平洋，令人興奮。

儘管內寮的梯田幾乎都已荒蕪，卻能遙想當年農人的勤奮，充滿大地的生命感，我想起在日本東北新潟縣的旅行，在山裡跑步時，一畦一畦依山勢而繞的梯田，還有彎腰工作的孤獨農人，那人那山那田，讓我充滿敬意。在內寮溪、遠望坑溪與石壁坑溪等山溪匯聚的雙溪河流域，溪流穿過的山谷就散落不少梯田。

《水梯田！貢寮山村的故事》這本書翔實記錄貢寮梯田復耕的故事，說明在順應地形與講求效率之間，貢寮梯田百年來維持著人力手工與牛耕，成為友善土地的方式，水梯田的溼地生態，還帶來豐富的生物多樣性資源。從山脈、溼地、溪流到海洋，彼此順暢的聯結，才能讓人與環境和諧共處。

從高山梯田蜿蜒而下，來到雙溪河下游，貢寮與福隆車站之間的田寮洋溼地，這個兩百公頃的低窪谷地，名字很有意思，有田有寮有洋。因為雙溪河在此大幅度的迂迴，形成一塊氾濫平原，產生水田與旱地，沼澤與池塘錯落，不只是貢寮重要的稻作區域，旁邊還有火車經過，高處是老鷹盤旋，地上則有兩百多種候鳥棲息，成為重要

梯田狀似山中湖泊。

的生態溼地區域。

一大早，已有兩個農人在偌大的水田裡操作插秧機，農人的孩子用小推車在小徑裡來回搬運秧苗，好幾個賞鳥人在此出沒，整個區域寧靜如一幅山水畫。一個七十多歲的阿伯拄著拐杖來巡田水，對我們指指點點他的田地。朋友說這一大塊區域有許多休耕的農田，一個農友閒不住，也不捨土地荒蕪，自己就攬下工作，將附近的農田一併管理。

沿著小徑來到一塊旱田，從台鐵退休的楊大哥正在用機器整理田土，準備種花生，他太太則在一旁照顧山藥田，楊大哥九十歲高齡的父親楊同枝，正用鋤頭鋤地，他也要種花生。楊老先生堅持用鋤頭，不用機器幫忙，他穿著白襯衫，白雨鞋，精神抖擻，年輕時曾到金瓜石當礦工挖黃金，也曾在海邊抓魚，

田寮洋插秧的農人。

現在每天種田，反而有個依託。

記得曾從《貢寮鄉志》看到日治時期基隆詩人周植夫寫的〈冬日過貢寮遇雨同作梅〉，當中詩句很貼切我在內寮與田寮洋的感受：「野徑梯田外，冬耕土脈翻，雨聲來樹杪，雲氣積山根。」

我在台北的彎腰市集遇過一位擺攤賣貢寮野菜、稻米的朋友春蓉，她的攤位寫著「貢寮自然最貴」，當時心想貢寮怎麼會有野菜，甚至還有稻米？後來我在卯澳又巧遇春蓉，那天雨下很大，她用大白菜與煙仔虎（鰹魚的一種，可做成柴魚）煮魚頭湯給我喝，煙仔虎的胃像牛筋一樣，QQ的很有嚼勁，還做一道貢寮蔬包，用大陸妹的葉面包田寮洋的稻米，以及阿媽的醃蘿蔔，口感酥脆清爽。春蓉提到田寮洋附近有位邱姓人家的菜園，除了當令蔬菜，還有特別的野菜——角菜，我想起親子與食材作家番紅花，在她的《廚房小情歌》寫到，春蓉賣的角菜，是蔓生在田畦邊或潮溼地的野菜，又叫鴨掌艾，客家人稱為甜菜，閩南人稱珍珠菜，「角菜帶給舌尖上天然的甘甜，芬芳難忘。」

實在好奇那種滋味，春蓉帶我走小徑來到邱阿媽的家，她正在晒蘿蔔乾與酸菜，空氣瀰漫一股濃郁的醃漬香氣。阿媽帶我們走進菜園，看似凌亂沒整理，卻亂中有序，

邱阿媽正在晒酸菜。

帶著淡淡甜味的角菜。

貢寮在地人最愛的阿生便當。

阿生在廚房裡忙碌著。

我們除了採菠菜、青江菜與蔥，還摘了角菜、龍葵與山芹菜這些野菜。離開邱阿媽的家，又遇到剛從田裡回來的楊同枝阿公，他拿紅菜給我們，還塞了幾個大蘿蔔。

回程經過貢寮車站，春蓉怕我餓了，推薦車站對面的阿生便當，這是在地人最喜愛的貢寮便當，有三層肉、兩片瘦肉、油豆腐、雞捲、滷蛋、香腸、高麗菜與酸菜，滿滿一大盒，食材很豐富，春蓉說，阿生的酸菜都是請在地媽媽製作，用海水浸泡醃製，非常天然。我看地上的米袋，產地竟來自花東，低廉的價格，卻有高品質的享受，著實令人意外。阿生每天早上八點就營業，以前更早，六點半就開賣，因為學生搭火車前，都會來買阿生便當當早餐。

我在現場吃完一個便當，又包一個便當外帶，準備晚上配角菜吃，角菜只要燙一下，以免太老，口感吃起來很像空心菜，卻帶著淡淡的甜味，配上阿生便當的三層肉與酸菜，越吃越餓，後悔怎麼沒再多買一個便當？

隔天一早，我跟長期在貢寮推動反核與環保運動的春蓉，一起參觀位在龍門附近的核四廠，在接待中心聽完冗長的簡報，又進去戒備森嚴的核四廠參觀，我認為這個充滿各種工業線條的發電廠，停止運作之後，很適合改成能源美術館，空間遼闊，可以呈現許多特別的藝術展覽。中午回到接待中心，每個人桌上都擺著一個阿生便當，參觀人士提出各種疑問，我邊吃便當邊聽台電主管的答覆，現場氣氛凝重，只見他身旁的幕僚，一直低頭猛吃便當，彷彿置身事外，只有吃飯最重要。

至少，美味的阿生便當是我們的共識。

如果你想品味貢寮人的餐桌

龍門小棧 新北市貢寮區仁里里仁和路23號 (02)24903787

新港海鮮 新北市貢寮區真理里新港街60號 (02)24901061

富士海鮮 新北市貢寮區福隆里東興街8號 (02)24991001

卯澳百美民宿 新北市貢寮區福連里福興街6號 (02)24991157

阿生便當 新北市貢寮區朝陽街76號 (02)24941023

吳春蓉的「貢寮，自然最貴」彎腰農夫市集

每月第三個週日，在台北政大公企中心擺攤

地址：台北市金華街187號 聯絡吳春蓉：tncca.tw@gmail.com

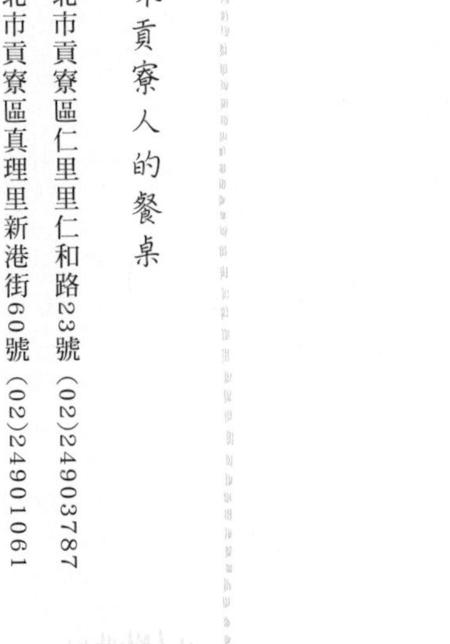

風土節氣小餐桌，地方創生大起點

位在嘉南平原西南端的嘉義布袋，近幾年因為高跟鞋教堂受到矚目，但走馬看花的遊客，往往只是拍照打卡，並不認識這個海陸之交、飽含鹽分的小鎮。

之前我從未到過布袋，近期卻在兩個月內來了四趟。我的任務是帶領地方漁民、農民與社區工作者，進行四場一整天的風土餐桌工作坊，讓大家增進互動，對內整合資源，建立屬於布袋的風土餐桌，才能對外溝通，透過活動與旅行，活化產業與文化。

前三場主題分別是閱讀《風土餐桌小旅行》，藉由書中的故事來討論自身的狀況與需求，接著練習訪談挖掘故事，第三場則是實地田野調查，走訪不同業者，了解經營情況，並練習彙整重點，找出整合方向。

第四場主題是設計自己的風土餐桌，每個學員示範一道拿手菜，說說食材特色與故事。

經營洲南鹽場的布袋嘴文化協會總幹事蔡炅樵，燉煮一道豬間隔肉（俗稱肝連），先切成薄片，再灑上親手製造的海鹽。他刀工不夠細膩，養殖白蝦的葉怡君幫忙將肉切得更薄嫩、更好咀嚼，才能感受海鹽誘發的甘甜。她還將剁碎的薄荷葉拌入海鹽，讓香氣更有層次，大家輪流品嚐，都認為這個創意別具風味。

經營虱目魚生態漁場的邱經堯，則示範了一道乍看簡單，其實集鮮味之大成的虱目魚肚湯。他先將魚塭混生養殖的烏魚、吳郭魚與草魚各一尾，還有切塊的龍膽石斑，

左：口感驚奇的玉米筍冰淇淋。中：濱海野菜馬齒莧與鳳梨合一的冰棒。右：集鮮味之大成的虱目魚肚湯。

以及文蛤與蔥段，放入大鍋中熬煮四小時，成為鮮魚高湯；然後將虱目魚肚煎熟，逼出油脂，放入魚湯中再加熱慢煮，最後以少許海鹽提味。跟加薑絲、其他調味料的傳統虱目魚肚湯相比，這鍋虱目魚肚湯雖然只有鹽巴與蔥的提味，層次卻更為豐富。

甜點由崇美農場的女主人林美珠負責。她將玉米筍打成泥狀，再用冰塊降溫凝結，加上糖漿與少許海鹽，就成為具有玉米筍香氣的冰淇淋，大家排隊一人一匙吃起來，充滿驚奇口感。

一整天下來，我們嚐到了布袋的風土餐桌，包括鹽、虱目魚、清炒白蝦蝦仁、拌入香草的水煮冰鎮白蝦、米飯、蔬菜，甜點除了玉米筍冰淇淋，還有專門供應辦桌冰品的第二代傳人黃皎怡，準備了一道酸甜中帶點鹹味的濱海野菜馬齒莧（俗稱豬母奶）與鳳梨合一的冰棒，大家互相交流，提出更好的想法與回饋，我再給予大方向與細部建議，哪些味道太重，哪道菜的說法要更有故事細節，哪些食材可以互相搭配。

擁有近兩百年歷史、卻一度廢棄的洲南鹽場，在布袋嘴文化協會努力下，透過晒鹽、賣鹽與導覽體驗，重新活化。（洲南鹽場提供）

重新發現，才能重新創造

這群夥伴，好幾位都是中年返鄉，採用永續經營的態度與方法，投入各自的事業。比方蔡炅樵重新活化近兩百年歷史、但已廢棄近十年的洲南鹽場，帶領夥伴重建鹽田、晒鹽、賣鹽，舉行導覽體驗活動。邱經堯和弟弟一起經營虱目魚場，他們不用藥、以低密度生態環保方式養魚，並教顧客如何簡單、適切地料理出虱目魚肚的美好原味，否則顧客常常因為煎魚技術不好，而影響購買的意願。謝鵬程則是回到老家江山里，種米種蔬菜，還擔任社區總幹事，籌辦各種活動，希望讓老家更活絡有朝氣。這群中年大叔努力活化在地產業，讓更多青年願意返鄉工作。

他們也曾嘗試舉辦在地旅行，但發現客人往往走馬看花，回流率不高，也無法提高旅行價格。即使跟外界知名公司合作辦在地風土餐桌的體驗，也只是提供場地，供應食材，負責上菜與整理場地，無法跟客人建立深度關係，品牌知名度都屬於外來單位，鄉里風土成為包裝好的背景，他們依然是沒有故事的配角。

如何從配角變主角？「先重新發現自己，才能重新詮釋創造。」這是旻樵說邀請我開課的目的，希望協助他們挖掘在地故事，找尋潛在亮點，重新轉換成有脈絡深度、卻平易近人的風土餐桌。

布袋的狀況也是台灣在地的縮影。從過去社區營造，到現在流行「翻轉」的地方創生、社區設計或社會創新，往往都是從上而下、「空對地」的指導，找外界專家，或是舉辦各種課程與活動，運用大量硬體資源，卻缺乏從下而上、以平等態度「地對地」的挖掘。

我們缺少在不同情境脈絡下，呈現不同地方文化內涵的巧思，才會出現千篇一律的彩繪村、吊橋與高跟鞋教堂，或是各種追逐參與人數的低價小旅行或節慶活動，人潮一過，又回到原點，到底認識了什麼在地特色與文化？吃進什麼？又記住什麼？

一地的風土餐桌，其實承載著歷史、文化、生活、情感與環境的密碼，不僅引領我們回溯昨日記憶、帶來想念，更能航向明日旅程、創造希望。

當年為撰寫《風土餐桌小旅行》所做的田野踏查，以及書出版之後，親身參與設計了十多個小地方、餐廳與民宿的餐桌，還有在新書宣傳講座與相關課程上，納入風土餐桌料理；透過這些點點滴滴的實踐，無論是旅人或讀者的感受與回饋，都讓我看出大家渴望找尋飲食背後的深刻連結。

餐桌是最簡單、直接的溝通互動，甚至最不需要花錢。每個鄉鎮、村落鄰里、每個家族，甚至每個家庭，如果能追索與重現自己的風土餐桌，才是帶動地方創生的核心力量。

簡單，並不簡單。需要考察在地的風土節氣特色、物產變化，食材種植與料理方式，以及生活特色與記憶，透過深度訪談與現場參與，才能建立完整的脈絡地圖，有了扎實基礎，才能運用創新之眼，重新組合轉換，呈現獨有的節氣風土餐桌。

看似步驟分明，但身處其中的在地人，卻往往陷入矛盾。一個是太有自信，無法用客觀角度重新賦予意義，變成過於瑣碎、自說自話。另種是太過自卑，總是向外看，不了解自身價值，這種矛盾造成對內缺乏交流整合，也失去對外溝通的能力。

以時間、空間與人間共釀真實的風味

我們需要新的風土餐桌方法論，透過時間、空間與人間三個架構，才能梳理出脈絡，把複雜變簡單，轉化成可以溝通的故事，再將簡單變複雜，透過餐桌上的質感與細節，傳達給外地旅人。

時間包括節氣變化與歷史演繹，空間就是產地的風土質地特色，人間則以生產者、料理者與生活者的經驗與故事為主。產地業者因為長期勞作與生活經驗的關係，信手

左：魚塭土塊如果是淡淡清香，代表日晒消毒完成。中：養魚要先養水，養水要先養土。右：虱目魚塭需要用馬達換氣，讓魚兒有充分氧氣。

捻來都是寶藏，我們就能從這三個架構深入挖掘。

以邱經堯養殖的虱目魚為例，我們先到現場，透過實地訪談與觀察，了解整體脈絡。他有四十多個魚塭，需要多方觀察掌握各種訊息：例如從一年四季的氣候與風向到每日細微的天氣變化，以及池內土壤味道、製造養分與氧氣的藻類、水質，甚至鳥類吃魚的狀況（魚生病容易被鳥吃），才能有效養殖管理虱目魚。他的每個魚塭不只有主角虱目魚，更有用來吃魚塭雜草的草魚、吃多餘飼料的鯽魚與吳郭魚，還有刺激虱目魚生存能力的龍膽石斑等「工作魚」。

掌握脈絡之後，再了解管理細節。包括如何進行複雜的魚塭管理，並實地觀察，他不對魚塭土壤施藥，運用日晒消毒實踐環境永續，我們拿起泥土塊輕嗅，如果是淡淡清香，代表消毒完成，可以準備放水養魚。「養魚要先養水，養水要先養土。」他強調。

掌握脈絡只是基礎，細節與質感是在地人最容易忽略的地方，關鍵在於如何把簡單變複雜，呈現餐桌上的細膩內涵，我們才能品味出層次與深度。

把複雜變簡單，將簡單變複雜

訪查結束後，我們回到教室進行分組討論，將訪談筆記整理出重點，並分享訪談心得，以及可能的應用方向。

比方要如何說明邱經堯的虱目魚肚湯的細節呢？

邱經堯示範乾煎虱目魚肚。

先講脈絡特色，包括虱目魚的盛產期，他的管理重點，實地聞泥土味道的感受，再說明虱目魚肚的料理方式，包括加入烏魚、龍膽石斑、吳郭魚、草魚與文蛤，經過四小時熬煮的高湯；虱目魚肚不需解凍、直接乾煎，因為本身油脂夠，蓋上鍋蓋，利用高溫就能快速解凍，或是加入其他在地食材一起烹煮，最後灑上洲南鹽場的海鹽，就能連結地方食材與故事，讓旅人有深刻印象，產生好感連結。

另個例子是鹽，這麼簡單的調味料，如何成為主角？洲南鹽場有兩種特別的鹽，一種是春天最早的結晶鹽——鹽花，因為鈉含量不高，礦物質多，產量少，漂浮在水面上，需要費工撈起來。另一種是海藻鹽，這是因為梅雨季雨量太多，鹽田集聚特殊藻類，讓鹽產生淡黃褐色，無意間發現有特殊風味。如果加上一般常用、鈉含量略高於鹽花的日晒霜鹽，這是深冬收穫、日照短、氣溫低產生的鹽，就能比較細微差異。

我建議把鹽當主角的方式，讓鹽花、海藻鹽與拌碎香草葉的日晒霜鹽分成三盤，當成餐桌的前菜，先說明脈絡與特色，再讓大家自行灑鹽在肝連上，細細咀嚼三者的差

海水、土地、季風與陽光，是讓鹽風味不同的四大元素。（洲南鹽場提供）

異，就是把簡單變複雜的品味方式。

另一種把簡單變複雜的方式，就是實地體驗。事先帶旅人走訪魚塭，感受泥土的味道，或是體驗挑鹽、晒鹽的過程，就能了解食材背後的堅持細節，就會感受到布袋人「晒鹽先晒水，晒水先晒土」的風土精神。

布袋嘴文化協會總幹事蔡炅樵說各地的鹽會有各自的風土特色，「水、土、風、光」（海水、土地、季風、陽光）就是讓各地的鹽風味不同的四大元素。一粒小小的鹽，具體呈現時間、空間與人間共釀的風味。

如果不想讓旅人走馬看花，我們自己就得不走馬看花，扎扎實實地下苦功，接著轉換視野，從旅人角度出發，用心料理，賦予每一道菜意義。

最微小的最貼近人心，因為那是時間、空間與人間共釀的真實風味，這才是最華麗的風土餐桌，複雜又簡單，簡單又複雜。

國家圖書館出版品預行編目（CIP）資料

風土餐桌小旅行：12個小地方的飲食人類學筆記
/洪震宇著. --二版. --臺北市：遠流,2018.06
面； 公分. --（Taiwan Style;54）
ISBN 978-957-32-8304-1(平裝)

1.飲食風俗 2.臺灣遊記
538.7833 107008611

Taiwan Style 54

風土餐桌小旅行

12個小地方的飲食人類學筆記

增訂版

作者｜洪震宇

編輯製作｜台灣館
總 編 輯｜黃靜宜
執行主編｜張詩薇
美術設計、繪圖｜張小珊工作室
增訂版美術編輯協力｜丘銳致
行銷企劃｜叢昌瑜

發 行 人｜王榮文
出版發行｜遠流出版事業股份有限公司
地址｜104005 台北市中山北路一段11號13樓
電話｜（02）2571-0297
傳真｜（02）2571-0197
郵政劃撥｜0189456-1
著作權顧問｜蕭雄淋律師
輸出印刷｜中原造像股份有限公司
2014年9月1日 初版一刷
2021年10月1日 二版二刷
定價｜420 元

Printed in Taiwan
ISBN 978-957-32-8304-1
遠流博識網 http://www.ylib.com E-mail: ylib@ylib.com